インド料理の代表選手。ナスのサブジ（ドライなカレー）、チキンカレー、ナン

ナスのサブジ

オーソドックスなチキンカレー

タンドリーチキンとサラダ

タンドリーチキンの仕込み

キーマカレー（鶏ひき肉のカレー）もインドカレーの代表的な存在

キーマカレー、完成直前

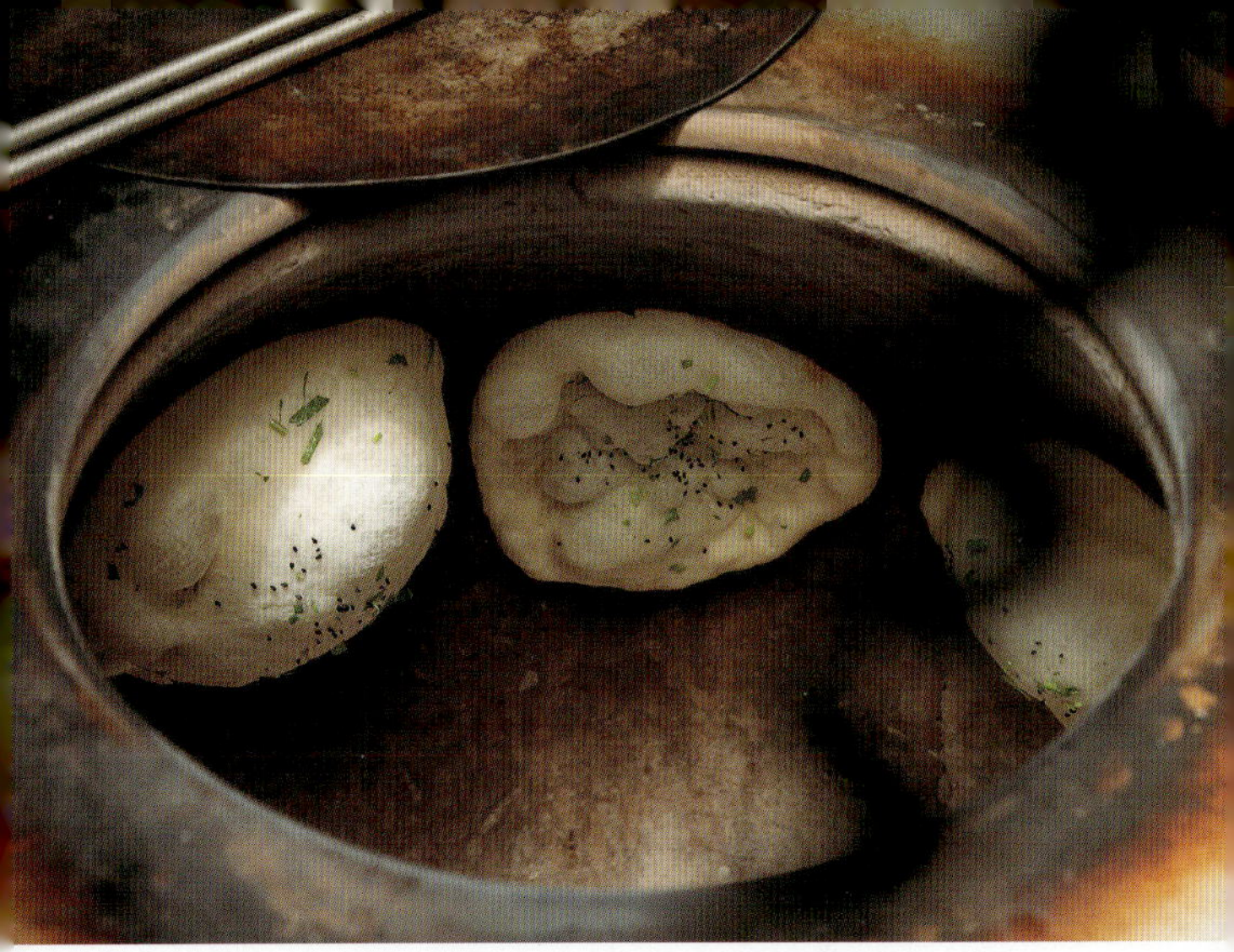

タンドール（土窯）でナンを焼く

焼けたナンを取り出す

基本となる３種のスパイス。パプリカ（上）、
ターメリック（右）、カイエンペッパー（左）

基本の３種のスパイスとよく使うスパイス。コリアンダー（中央）、
カスリメティ（左下）、カロンジ（右下）、クミンシード（下）

刻んだパクチー（香菜）はインドカレーのトッピングの定番

ナスのサブジを作っているところ。ナスは軽く素揚げにする

「インド家庭料理　ラニ」のオーナーシェフ、メヘラ・ハリオム氏

口絵写真撮影：四宮義博

平凡社新書
928

インドカレーは自分でつくれ

インド人シェフ直伝のシンプルスパイス使い

田邊俊雅
TANABE TOSHIMASA
メヘラ・ハリオム
MEHRA HARIOM

HEIBONSHA

インドカレーは自分でつくれ●目次

第9章　絶対に失敗しないインドカレーの作り方……169

編集協力＝今井章博

序章　人生が変わるほどのインドカレー体験

本書は、Ｗｅｂサイト「WirelessWire News」に連載したカレーのコラムを一冊にまとめたものだ。ＩＴ（情報技術）中心のニュースサイトからの脱却と方向転換を模索する中で、こういったテーマがあっても良いのではないか、ということで始めた。狙いは、簡単に言ってしまうと「地産地消」の安心・安全な食をインドカレーの流儀で実現するにはどうすれば良いか、そしてそれを誰もが自分で作れるようになったら素晴らしいのではないか、ということである。

筆者の一人である田邊は、小さなレストランを営んでいた。インドカレーやホットドッグなどを提供していたが、お客様の言葉の端々に「間違った刷り込み」を感じることが多かった。例えば、こういう感じだ。

・インドカレーって辛いんですよね？

・ホットドッグってマスタードで辛いんですよね？

家族連れの観光客が多い場所柄、子供向けのメニューにも配慮はしてあった。カレーはまだしも、ホットドッグはメニューには何もかかっていないプレーンな状態の写真を掲載していた。それにもかかわらず、この手の質問は多かった。

インドカレーといっても、辛さに弱い人もいるのでさほど辛くない状態で用意してあり、「辛いのはお好きですか？」などというやりとりを通じて、好み（であろう）の辛さに仕上げて提供するようにしていた。子供向けの「インドカレーではないカレー」も用意していた。ホットドッグは、ケチャップはもちろん、マスタード、サルサ、自家製のカレーペーストなどのトッピングを好みで選べるようにしていた。

この「インドカレーは辛い」「ホットドッグには辛いマスタードが最初からかかっている」といったよくある間違った思い込みはどこで形成されるのだろう、と考えてみた。おそらく、これまで経験してきた外食や食関連のメディアによって、そのイメージは植えつけられたのだと思う（ボブ・ジェームスのアルバムのジャケットもひと役買っているかもしれない）。

ちなみにハンバーガーのマクドナルドは、ピクルス抜きなどの個別のオーダーがある程度は可能だ。サンドイッチのサブウェイのように、パンの種類からパンを焼く焼かない、野菜は何を入れて何を抜き、ソースはどうするに至るまで、すべて好みの内容を指定できる、というところもある。多くのインド料理屋では、好み（耐性）のレンジが広い辛さについて、丁寧に確認してくれるはずだ。

つまり、辛いも甘いも、好きも嫌いもなく、決まったレシピで作られたものを「そういうモンだ」と食べざるを得ない、ということではなく、ハンバーガーやサンドイッチ、カレーといった大枠はあるものの、あるいはそのお店のお勧めの食べ方はそれとして、自分の好みのモノにして食べる、という方が食事としての満足度は高いのではないか、と思うのだ。

料理人の主張が込められたコース料理やこの料理人に任せておけば安心、などではなく、先に例示したような気軽で日常的な食事であれば特にそうだろう。デフォルト状態のモノに疑問を感じつつ食べた結果、好みではなかったときに非難してしまう、などということもネットではよく見られる光景だ。これは、提供する側と消費者の双方にとって不幸な話である。

とはいえ、実際に「これか！」というものを自分で体験しないと、その間違ったイメージは容易には覆《くつがえ》らないだろうとも思う。自分の人生経験をそれなりに否定することにもなるわけで、そこそこの年齢だったりするとなおのこと難しいだろう（こだわりとも頑迷ともいう）。

自分は何が好きなのか、どういったモノが好みなのか、ということが分かっていないと（実はこれが一番難しいのであるが）、選択肢の範囲で何かを指定しようにもそれができないということもある。そしてさらには、「失敗したくない」あるいは「こんな選択をしてバカにされないだろうか」といった気持ちも働いてしまい、ますます主張しにくくなる。

例えば、マティーニというスタンダードなカクテルがある。たいていのバーやパブで飲めると思う。しかし、いろいろなところで飲めるからこそでもあるが、世の中のマティーニは「その99％が偽物である」と言ってしまって差し支えはないだろう。

多くの人は、「マティーニってのはちょっと我慢して飲むモンであって、そのやせ我慢が粋なんだよね」などと思っているのではないだろうか。田邊もその一人だった。しかし、もう25年近く前になるが、知らずに入ったバーで腕利きのバーテンダー（「バーテン」というのは職業的差別用語なので、あくまで「バーテンダー」である）の作ったマティーニをひとくち飲んだ瞬間から世界が変わった。

「ジンと少量のドライベルモットを氷をたっぷり入れたミキシンググラスでステアする」ということの意味がはっきりと分かったのだ。ほんの少しのベルモットとジンが冷やされつつ混然一体になることで、ジンの角が取れてスムースになる。中身はほとんどがジンであるにもかかわらず、ストレートのジンとはまったく別の我慢など一切要らない洗練された飲み物に化けるのだ。

しかし、見様見真似で自分で何度やっても、絶対に似て非なるモノにしかならないのである。そこに確かな技術があってこそのマティーニなのだ（それ以来、そのバーにはずっとお世話になっているのだが、それはまた別のお話）。

そういうわけで、ここまできて、ようやくインドカレーである。

もともと、カレーは好きだったし、街のカレー屋はもちろん、インド料理屋にもよく行った（個人的には某チェーン店はちょっと「?·?·?」だったが）。東京・神保町に行ったら、カレーのハシゴをした。自分でも、市販のルーは規定量の半分くらいにしてなんだかんだと工夫したり、気に入った店の味を真似してみる、などということもやっていた。

そんなある日、YouTubeで玉ねぎのみじん切りについて、とても分かりやすく丁寧に説明しているインド人シェフの動画を見つけた（執筆時点ではハリオム氏のブログにある）。

しかしそのコメント欄には、日本語での下品で悪意に満ちた見るに耐えないコメントが並んでいたのだった。

当時は横浜市内に住んでいたのだが、Webでそのお店を調べてみると、偶然にも自転車で20分くらいのところにある「インド家庭料理 ラニ」というお店だということが分かったので、さっそく行ってみた。これが、この本の共著者であり師匠でもあるハリオム氏との出会いだった。

そして、ハリオム氏のカレーをひとくち食べたとき、「オレが今まで食ってきたインドカレーは、一体何だったのか!?」と茫然としてしまったのだ。目から鱗とはまさにこのことであり、前述のマティーニとまったく同じ感覚と感動だった。

これは本当に衝撃だった。人生が変わったといっても過言ではない（実際、自分の店でカレーを作って出すようになったりした）。それまで、特に北インド系のお店に行くときは、食べているときは美味しくても後でもたれることを覚悟して行ったものだったが、ハリオム氏のカレーでは、そんなことはまったくないのだ。それ以降、ラニに行くようになり、いろいろなことを教わった。

ハリオム氏は、Webサイトやブログで丁寧にレシピや作り方を公開している。さらに定期的にインド料理教室を開催してノウハウを惜しみなく伝授している。だから、ラニで食べたり教室で教わったカレーを自分でも作ってみることができる。もちろん、厳密にはそのものではないが、それはマティーニと同じで当然のことなのだ。そして、何度か作っているうちに「あー、これか！」というポイントというかセオリーのようなものが見えてきた。

また、ラニのWebサイトにも書いてあるが、ラニのカレーは完成した状態での作り置きはしていない。いつも、注文を受けてから一つひとつカレーを仕上げる。もちろん、カレーの種類や素材（必要な加熱時間など）にもよるが、素材に応じてどこまで作っておくか、という点がポイントなのだ。

カレールーの味ではなく、素材の味わいが生きていて、鍋料理などでよく言われる「煮《に》え端《ばな》」の美味しさが味わえる。でき立てなので、フレッシュなスパイスが感じられる。これが、インドカレーの本来の姿である、ということをハリオム氏に教えられた。

ラニのカレーを体験してしまうと、世の中のカレーというものは、商売だからある程度は仕方ないとしても、作り置きのカレールーで溢れているということがよく分かるようになってしまう。ラニでカレーを体験して以来、カレーはラニで食べるか自分で作るかの二択になった、という人が何人もいる。もちろん、田邊もその一人である。

一般にインドカレーは、北インドは濃厚でチャパティやナンなどの小麦で作るパンと合わせる、南インドはサラッとしていて米と合わせる、肉は宗教的な理由で鶏と羊が中心、例外的に豚を食べるところもある、南インドでは魚もカレーにする、豆のカレーがとてもポピュラー、というように捉えられていると思う。しかし、北インド出身のハリオム氏のカレーは、このような枠には収まらないものだった。基本は北インドなのかもしれないし、北インドらしいカレーも作れるはずだが、オリジナリティに溢れた「インド家庭料理」を日本で提供しているのである。

スパイスはインドから直接取り寄せているというが、野菜や肉などのカレーの素材は日本で手に入るものばかりだ。店がある横浜市都筑区の地元野菜を使ったりしているし、豚肉のカレーも作るし、魚など日本ならではの食材を使ったカレーも作っている。

つまり、自分で作るインドカレーは「その地の食」の一つのジャンルと捉えるべきであって、インドに縛られる必要はないと思うのだ。みりんや醤油を使う和食、ごま油やオイスターソースを使う中華、オリーブオイルやトマトを使うイタリアン、というように世界にはいろいろな流儀の料理があるが、日本ではそのいずれもが日本の食材を生かしたメニ

ラニのランチ

ューで提供されていて、それらが違和感なく日本の日常の食に融け込んでいる。

これと同様に、日本の食材をスパイスを使ってインド流に「料理」するのが、この本で想定する「インドカレー」なのである。そして、「インドカレーは辛い」という先入観、あるいは「もたれるかも」などといった間違った刷り込みを払拭していただけるような、「これか!?」という目から鱗の体験をぜひ、というのがこの本の狙いなのだ。もちろん、ラニに食べに行っていただくのが手っ取り早いといえばそうなのだが、リアルな店舗は横浜だ。まずは自分の手で試してみることで、このことが実感できるはずだ。

［参考ＵＲＬ］

・ラニのこだわり　http://raani.org/about_us/about_us.htm
・ラニのインド料理教室とレシピ　http://www.chefhariom.com/lesson.html
・WirelessWire News 田邊の記事一覧　https://wirelesswire.jp/author/toshimasa_tanabe/

第1章　インドカレーについての大いなる誤解

街のカレー屋に行くと、「当店のカレーは20種類以上のスパイスを使って長時間煮込んだ贅沢なカレーです」などという能書きを目にすることは多い。しかし、これは日本のカレー、いわゆる「カレーライス」の話である。

インドカレーはまったく違う。「カレーはでき立てが一番美味しい。スパイスは素材に合わせてせいぜい数種類」が基本である。

「スパイス20種類？　そんなに入れたら全部同じ味になっちゃうんじゃない？」というのが、冒頭の能書きについてのハリオム氏の喝破だ。

これは、材料についても同じことが言える。チキンカレー、ナスとチキンのカレーなど、素材は相性の良いものをシンプルに組み合わせる。そして、その味わいを生かす最適な、かつ最低限のスパイスで仕上げることでカレーのテーマがはっきりする。食材に応じたテーマがはっきりすることで、カレーのバリエーションが広がる。

チキンカレーとエビのカレーは、まったく別のモノであって、同じスパイスのカレーベースで中身だけが違う、というのは本物ではないのだ。ホウレンソウのカレーは、単に緑のカレーというものではなく、まずホウレンソウの味がしなければならない。さらに、トマトベースのカレーとは違ったホウレンソウの味わいを生かすためのスパイスで仕上げなければならない。

インドカレーは、カレールーありきではない。素材ありきなのだ。素材とその組み合わせの味わいをスパイスでどう色付けしてまとめるか、という考え方なのである。そして、そこには「セオリー」がある。

素材の組み合わせ、素材とスパイスの組み合わせ、スパイス同士の組み合わせなど、インドカレーを構成する要素の組み合わせは膨大になる。だから、すべてのカレーについてのレシピを作るたびにいちいち暗記するのは不毛である。なぜ、このカレーにはこんなスパイスを使うのだろう？　と思ったならば、そこにはセオリーに裏付けられた理由がある。

つまり、セオリーを身に付ければ、個々のレシピを覚え込むよりも、はるかに容易に応用が利くようになり、インドカレーの世界がどんどん広がる。

味噌汁を思い浮かべてほしい。中身によってさまざまな味噌汁が存在するが、その一つひとつに詳細なレシピがあるわけではない。素材に合った味噌汁のセオリーというものがあって、出汁《だし》や味噌の種類、薬味などが、地方色も含めてほぼ体系的になっていることに気付くだろう。だからこそ、味噌汁を作るのに困る、などということはない。冷蔵庫にあるもので、さっと作ることができる。

刺身にも同じことが言える。マグロはワサビと醤油、白身の薄造りなら紅葉おろしとポン酢、イカはショウガかワサビで迷うところ、といった具合に素材によって薬味などのセオリーがある。醤油が微妙に甘かったりするのは地方色だ。

さらに、季節の旬の食材をどう食べるか、ということにも、秋刀魚などを例に出すまでもなく、いたるところに食のセオリーが息づいている。イカ大根、ぶり大根、鶏大根、豚大根などはあっても、イカもぶりも鶏もいっしょくたに入れたりはしない。料理には、テーマとセオリーがあるのだ。

インドカレーも同様だ。食材、スパイス、それらの組み合わせには、インド各地の知恵の結晶ともいえるセオリーが息づいている。日本の食材には、カレー向きではないと思われるものもあるだろうが、セオリーを基本に考えていくと、ここをこうアジャストすれば良いかも、などと答えが見つかることもある。

まずは、基本のセオリーを身に付けて、ベーシックなカレーを作ろう。そこから自分オリジナルのカレーの世界を広げていこう。毎日、自分好みの料理が食べたいと思うのと同じような感覚で、毎日、カレーが作りたくなることだろう。

面白いことに、インド料理と和食の間には共通するセオリーもある。例えば、ジャガイモと玉ねぎの味噌汁と「アルジラ」（トマトベースのクミンが効いたジャガイモのカレー）だ。もう一つ典型例を挙げよう。２０１９年3月上旬に開催されたラニでのインド料理教室のお題は「ぶり大根」だった。文字通り、ぶりと大根のインドカレーである。ぶり大根にも、インドカレーのセオリーが隠れていた。

さて、次章以降、まずはこのアルジラやぶり大根あたりから、インドカレーのセオリーを考えていこうと思う。

第2章　シンプルな「アルジラ」に見る基本中の基本

「アル」はジャガイモ、「ジラ」はクミンのことである。つまり、アルジラとは、クミン風味のジャガイモ料理という意味だ。

作り方はざっとこんな感じだ（詳細なレシピは第9章で紹介する）。

［材料］

- ジャガイモの皮をむいて食べやすい大きさに切る。
- ニンニク、ショウガをみじん切りにする。
- 玉ねぎを粗みじん、あるいはスライスする（お好みで）。
- トマトは粗みじんに切る。
- ホールスパイス：クミン

・パウダースパイス：パプリカ、ターメリック、カイエンペッパー
・ガラムマサラ
・サラダ油、塩、水

クミンには独特の香りとほろ苦さがあり、インドカレーでよく使われるスパイスだ。パウダーも売っているが、ここではホール（クミンシード）を使う。

パプリカは赤ピーマン（パプリカ）を粉末にしたもので、ほのかな甘みとほろ苦さでカレーのベースとなるスパイスだ。辛味はない。また、その味わいだけではなく、赤い色を出すために使う。

ターメリックはウコンの粉末だ。カレー粉の黄色は主にターメリックによる。独特の香りとほろ苦さがあり、パプリカと並んでインドカレーの中心的なスパイスだ。ウコンだけにさまざまな薬効もある。

カイエンペッパーは、赤唐辛子の粉末だ。インドカレーにおいては辛味を担当する。その辛さは熱によって消えたりしないが、時間が経つと丸くなる。

［調理手順］

- 鍋にサラダ油を熱する。
- クミンシードを入れ、焦がさないようにじっくり加熱する。
- 香りが立ってきたら、ニンニクのみじん切りを加えて炒める。
- ニンニクがきつね色になったら、玉ねぎとショウガを加える。
- 玉ねぎが透き通ってきたら、トマトを加えてさらに炒める。
- トマトが崩れてきたら、パウダースパイスと塩を加える。
- ペースト状になるまで馴染ませパウダースパイスに火を入れる。
- ペーストの中にジャガイモを投入する。
- ジャガイモの表面に火が通ってきたら、水を加える。
- ジャガイモに火が通るまで煮込む。
- 仕上げにガラムマサラを少々加える。

この何気ない、最も基本的でシンプルな手順の中に、いくつものインドカレーのセオリーが隠れている。

まず第一に覚えておくべきは、アルジラという名前の通り「ジャガイモと相性の良いスパイスはクミン」という点である。「ある程度水気の多いサラッとしたカレー」でも、もっとドライな「粉吹きイモのようなカレー」の場合であっても、ジャガイモにはクミン、というのが最もベーシックな組み合わせであり、セオリーなのである。

ジャガイモにはクミンだからこそ、一番最初にホールのクミンを熱して、全体にクミンの風味を行き渡らせるのだ。また、ホールスパイスは、最初に油の中で熱して香りを油に移す、というのも重要なセオリーの一つである。辛さや味付け、色付けのために後で投入するパウダースパイスとは、役割と使い方が違うのだ。

次に、ニンニクとショウガのどちらを先に（あるいは後に）入れるか、である。好みはあるかもしれないが、食べるときにショウガの風味がちょっと残っていた方がフレッシュさとアクセントが感じられて美味しく食べられる。このためにショウガは後で入れる。刻むときにニンニクよりもショウガの方をちょっと粗めに刻む、というのもテクニックの一つである。ニンニクとショウガはすりおろす場合もあるが、すりおろすときもショウガの方をちょっと粗めにすると、良い結果が得られる場合が多い。

さらに、このショウガの風味が残るように作る、フレッシュさを感じさせるように作る、というところには、もう一つの大事なセオリーが隠れている。それは、インドカレーは「でき立てが一番美味しい」ということだ。

例えば、一晩置いてしまうとショウガのフレッシュな味わいはかなり失われてしまう。もちろん、寝かせることによって味が馴染んでまろやかになる、という側面があることは否定しないが、それはまた別の話である。一晩置いたカレーを食べるときに、針ショウガをほんの少しトッピングしてみると、ショウガの役割がよく分かるはずだ。

アルジラに隠れているセオリーはまだある。それは、パウダースパイスはたった3種類しか使わない、という点である。辛味を調整するためのカイエンペッパーを除くと、パプリカとターメリックだけ、というシンプルな構成なのがポイントだ。

でき上がったアルジラを食べてみると、パプリカとターメリックがカレーであることを担保していると同時に、玉ねぎとトマトの甘みが明確に感じられるはずだ。その中で、特徴的な風味のクミンがアクセントになりつつ、主役のジャガイモのほくほくとした食感と味わいが楽しめる。これがアルジラなのである。

つまり、カレーベースにたまたまジャガイモを入れたのではなく、ジャガイモを美味しく食べるためにスパイスと玉ねぎとトマトを使っている、というのがアルジラの本質なのだ。

よく考えてみると、これは「ジャガイモと玉ねぎの味噌汁」に酷似している。味噌汁なんだから、基本的には出汁と味噌がベースにはなっているものの、玉ねぎとジャガイモの味が全体と馴染んで初めて味噌汁として完成しているはずだ。玉ねぎが長ねぎになると風味が変わるし、ジャガイモではなく里芋にすると、また違った味噌汁となる。

味噌汁の出汁に相当するのが、ニンニク、玉ねぎ、トマトである。これらの素材の味わいがカレーの最もベーシックな旨みとなる。これにメインとなる素材の味わいを最小限のスパイスでまとめる、というのがインドカレーなのである。だからこそ、アルジラのようにシンプルで肉の類が入っていないにもかかわらず、カレーとしてしっかり美味しいのである。

アルジラは、ジラが料理名に含まれているだけにクミンシードが全体のアクセントになっているが、クミンを除いた、ニンニク、ショウガ、トマト、玉ねぎを基本に、パウダースパイスとしてパプリカ、ターメリック、カイエンペッパーを加えたペースト状のモノ(「マサラ」という)が、トマト系のカレーの基本のカレーベースとなる。先に例示した調理手順でいうと、

アルジラ

・ペースト状になるまで馴染ませパウダースパイスに火を入れる

　というところで、カレーベースができ上がる。後で加える水の量を勘案して材料の分量を調整すれば、サラサラのカレーからドライなカレーまで作り分けることが可能となる。特にアルジラの場合は、メークインのときは汁気を多くしてサラサラに作る、男爵の場合は粉吹きイモをイメージしてちょっとドライに作る、などジャガイモの品種によって作り分けるとなお楽しい。

　今回は、ジャガイモを例にしたが、このカレーベースを覚えるだけで、カレーのバリエーションは広大になる。ナス、オクラ、ニンジン、ピーマン、カリフラワー、大根、蕪《かぶ》、マッシュルームといった各種の野菜、あるいは鶏肉、羊肉、エビ、魚などの動物性たんぱく質の素材を主役にしたカレーに応用することができる。

そのときにポイントとなるのが、主役となる素材は何か、ケンカしない素材の組み合わせはどういうものか、その主役に応じたアクセントとなるスパイスは何か、である。これを意識することで、同じトマト系のカレーであっても、素材によってまったく違った味わいに仕上げることができるようになる。あくまで素材が主役であるからだ。同じカレーベースで肉の種類だけが違う、というようなモノとは一線を画すのがインドカレーなのである。

第3章　インドカレーとしての「ぶり大根」

ハリオム氏は、定期的にインド料理教室を開催しており、そのテーマの一つに「ぶり大根」がある。文字通り「ぶり」と「大根」を使ったインドカレーである。素材は和であっても、スパイシーな紛れもないインドカレーができ上がるのであった。

南インドのカレーでは、魚を使うことも珍しくはないが、北インドは海から遠いうえに暑いということもあり、特に海の魚はあまり流通していない。その地の食文化として、日常的に魚を食べるわけではなく、ぶりはインドにはない魚だという。

大根や蕪はインドカレーでもお馴染みの食材で、鶏肉と組み合わせたり単独でサブジ（ドライなカレー）にしたりするが、ぶりと大根のカレーとなると、日本の食材を生かしたハリオム氏オリジナルのカレーと言えるだろう。

ぶりは、刺身用のサクをぶりしゃぶよりは厚切り、くらいにスライスして使う。照り焼きなどに使う切り身の場合は、食べやすい大きさに切った方が良いだろう。和食のアラ煮のように濃厚な汁でしっかり煮込んで骨の際をほじくり出して食べる、などというのではなく、ぶりの身の「煮え端」の美味さを味わうのが狙いだ。

大根は、ちょっと厚めのいちょう切り。厚さは、好みもあるだろうし、どのくらい大根に味を沁み込ませて柔らかくするかにもよるだろう。時間をかけられるなら、厚めに切ってぶりを入れる前にちょっと時間をかけて煮込むと、カレーの味が沁み込んでいながら大根本来の甘みがとてもよく分かる、という「おでん」のような味わいに仕上げられる。一方、薄く切る場合は、シャキッとした歯ごたえにカレーの味わい、という感じになる。

作り方は、ざっとこんな感じだ（詳細なレシピは第9章で紹介する）。

- ぶりは事前にレモン汁を全体に馴染ませておく
- マスタードオイルを熱してオイル自体の辛味をある程度飛ばす
- 火を弱めてホールスパイス（後述）を加えて香りを出す
- ニンニクのスライスを加えて火を通す
- ショウガのスライスを投入
- 大根を投入

・玉ねぎ（大きめのみじん切り）を投入
・パウダースパイス（後述）と塩を加えて全体が馴染むように炒める
・粗みじんに切ったトマトを投入
・水を加えて大根に火が入るまで煮込む
・大根が好みの加減になったら、ぶりを加える
・ぶりに火が通ったら完成

ホールスパイスは、クミンシード、マスタードシード（粒マスタードの原料）、カロンジ（玉ねぎの種、ほのかに苦い）、フェヌグリーク（カスリメティの種）、カレーリーフ（南インド料理によく使われるミカン科の木の葉）など。魚の味わいを殺さないようにあまり強くないスパイスの組み合わせにしている。マスタードオイルを使うことと、魚を使う南インドを意識して南インドでよく使われるマスタードシードが入っているのが特徴だ。

パウダースパイスは、パプリカ、ターメリック、カイエンペッパーという基本の3種類である。今回はマスタードオイルの辛味があるので、カイエンペッパーの量は控えめだ（辛いのが好きなら増やせば良い）。また、ガラムマサラはここでは使わない。

ショウガやニンニクは、みじん切りやすりおろしではなくスライスにしていたのもポイ

ントだろう。特にショウガを後入れにして、その風味を最後まで残すのが、でき上がりの味わいに影響する。和食でいえば、イワシのショウガ煮などをイメージすると良いだろう。

もう一つのポイントは、大きめ（1センチ角程度）のみじん切りにした玉ねぎの投入タイミングだろう。きつね色になるまで炒めたりしないのである。玉ねぎが透き通ってきたらトマトと水を加える。でき上がりの状態で玉ねぎが煮溶けていなくて、食感と甘みを感じられるようにするためだ。

ぶり大根の場合、玉ねぎをスライスにしても良さそうだが、さらっとしたカレーの中でメインの食材であるぶりや大根が、玉ねぎの繊維が絡まることなく明確に感じられる方が良いように思う。

トマトを使ったインドカレーのベースソースは、トマトと玉ねぎの旨み、甘み、酸味が基本的な要素となるが、今回のぶり大根では、ぶりから出る出汁と身の味わい、大根の甘みなどを生かすために、トマトと玉ねぎは分量も少なめで、縁の下の力持ち的な役割になっている。

レッスン後の試食で感じたのは「これはライス、というより〝ご飯〟に抜群に合うインドカレーではないか!?」であった。特にぶりの存在感と、それを生かすスパイス使いの妙

ぶり大根

を実感することができた。

実は、このレッスンでは、ぶり大根とともに「アルムリ」がもう一つのお題だった。アルはジャガイモ、ムリは大根の意味で、大根とジャガイモのカレーだ。あえてそうしたのだろうが、ぶり大根とアルムリで使うスパイスがまったく同じだったのである。

同じスパイス、ほぼ同じ調理工程で作った、ぶりと大根、ジャガイモと大根という二つのカレーを食べ比べてみると、素材を一つ入れ替えるだけで「同じスパイスなのにこうも味が違うのか」ということがとてもよく分かる。あくまでも、素材が主役なのである。

また、レッスンを受けていて感じたのは、

「これならイワシでもイケるのではないか?」だった。和食のイワシのショウガ煮、あるいは梅煮などはもちろんのこと、イタリアンでもイワシのトマト煮はポピュラーなメニューだ。ショウガとスパイスの効いたサラッとしたカレーベースにイワシ、というのは悪くない気がする。生臭さをどう抑えるか、という点がポイントだろうか。今回は、とてもフレッシュなぶりだったけれど、加熱する前にレモン汁を全体に馴染ませていた。

イワシの他には、サワラ、カジキ、アンコウ、フグあたりのあまり生臭くなくて、そこそこ身がしっかりした魚なら、インドカレーにしても悪くないのではないかと感じた。いずれにしても、魚は最後に投入して「煮え端」を味わう、だろう。大根は蕪にしても良いと思う。蕪の方が火の通りが早いので、短時間でできるはずだ。

インドカレーでは、大根や蕪は鶏肉と組み合わせることもよくある。その場合、スパイス使いは違ってくるだろうが、鶏肉の部位(胸肉、モモ肉、手羽元など)に応じた加熱時間の調整をすることで、それぞれの肉質を生かした「鶏大根」にすることができる、ということもレッスンでの学びの一つだった(鶏肉については「5—2　チキンカレーで使うべきは鶏のどの部位か?」を参照)。

第4章　基本のカレーベースをマスターする

4―1　トマトで作るカレーベース

これまで簡単に紹介してきたカレーは、玉ねぎとトマトを使うものだった。まずは、この基本となるトマトを使った「カレーベース」の作り方をマスターしてしまおう。組み合わせる素材を選ばないし、特徴のあるスパイスを追加することで、さまざまな味わいに仕上げることができる。とにかく応用範囲が広いカレーベースなのである。これを覚えるだけで、あるいは自分の好みに多少調整することで、いろいろなカレーのレシピをいちいち暗記する必要もなくなる。インドカレーというものが、ぐっと身近になり、手軽に感じられるようになるはずだ。

これまでは、材料の分量について詳細には言及してこなかったが、ここでは「基本とな

トマトベースの材料

る分量とバランス」を明示する。これを「1単位」と考えて適宜増減させると失敗がない、というものだ。

材料は、

・ニンニク
・ショウガ
・玉ねぎ
・トマト
・塩
・サラダ油

これに基本の3種のパウダースパイス

・パプリカ
・ターメリック
・カイエンペッパー

たったこれだけである。

インドカレーは、化学調味料や発酵系の調味料による味付けをしない。では、インドカレーの旨みやコクは何から来るのだろうか？

答えは「トマトと玉ねぎ」だ。この2種類の野菜には酸味や甘みがあるが、旨み成分として有名なグルタミン酸も含まれており、それがインドカレーの「出汁」の主たる部分を担う。さらに、ニンニクはコク、ショウガは爽やかなスパイス感を追加する。

ニンニクやショウガは、

・すりおろす
・みじん切りにする
・千切りにする

など、組み合わせる素材やカレーの狙いによって粒度を調整する。カレーベースとしては好みもあるだろうが、すりおろすのが良いだろう。ハリオム氏は、「ニンニクショウガ・ペースト」（ニンニクとショウガを同量すりおろして合わせ、水で少し伸ばしたペースト）を使うことも多い。ニンニクは細かくすりおろし、ショウガは粗くすりおろす、あるいはみじん切りであればニンニクをより細かく刻む、といった調整をしても良いだろう。

玉ねぎは、カレーベースを作るときには、細かいみじん切りが良いだろう。トマトは容易に煮溶けるので粗みじんで十分だ。

カレーベースの基本となる材料の分量とバランスは、以下のようなものだ（36ページの写真はニンニクとショウガの量が明らかに多い）。これを基本の「1単位」としてどのくらい作るかを勘案して調整する。

・トマト　2個（中くらいのサイズで約400g）
・玉ねぎ　1個（中くらいのサイズで約200g）
・ニンニク、ショウガ　各30g程度

スパイスに関しては、

・パプリカ　大さじ2（30cc）
・ターメリック　大さじ1（15cc）
・カイエンペッパー　小さじ1（5cc）
・塩　小さじ2（10cc）

辛いのが苦手な場合は、辛味を担当するカイエンペッパーを半分にすると良いだろう。
パプリカとターメリックだけで、カレーの味わいは十分に担保される。

このバランスを基本に2倍やそれ以上にするときは、すべての材料を倍、あるいはそれ以上にするが、スパイスと塩は8割から9割程度に減らした方が良い。これは、全体が沸騰するまでの時間の違いや鍋の開口部の面積の違いによって表面からの水分の蒸発量が変わってくる、というのが主な理由だ。つまり、使う鍋や火力によっても多少違うのだが、スパイスの量は単純に倍にしない方が良い結果が得られる。半分の場合は、単純に半分で良いだろう。

以下、分量について、ハリオム氏のブログから引用・要約する。

まだ2倍の量だったらそこそこいけると思うのですよ。3倍量、4倍量は、まずムリだと思います。なぜなんですかね。それはインド料理は奥が深いからですよ。冗談ではなくて。

インド料理に限らずどの料理でもそうだと思いますよ。4人分と40人分では作り方が変わってきます。

私は普段スパイスは計量せずに目分量で入れていますので、どこが違うと問われても「感覚」で作っているという以外にご説明のしようがないんですよ。申し訳ないのですが。

それにスパイスの量や、配合の比率だけでなくグレービーとなる野菜の量もやはり、全体量によって微妙なさじ加減があります。

ですから2倍の量を作りたいときは、鍋を二つにして2回作ればいいんですよ。これ大真面目に言っています。

4人分の材料を10倍にして40人分にすると、食材全体のバランスを欠いてしまいます。たいていは、スパイスの量が多過ぎになります。2倍程度ならそれほど心配はないと思いますが、2倍にしたときに気を付けるポイントは以下。

大きなヤカンと小さなヤカンで水を沸騰させることを想像してください。大きなヤカンは沸騰するまでに時間がかかりますね。材料を2倍にしたのに、同じ火力と同じ時間感覚で作ると失敗します。

2倍にすれば当然、加熱時間が長めにかかります。そこは私のレッスンでもお伝えしている「こういう状態になったら次に移る」をきっちりこなしていただけば上手く行きます。大事なのは加熱にかけた時間ではなく「状態」です。2倍にしたら火力も2倍にすればいいのか、といったらそれも違います。

よくレシピにある「5分間加熱する」などの表現ですが、料理の種類やどの過程かによりますので、一概にいえませんが、鍋も熱源も食材も気温も違うのに、時間を基準にしていたら上手く行く訳がありません。

インド料理教室でも「何分煮込みますか？」とよく聞かれますが、時間ではないのです。こういう状態になるまで加熱する、というのが大事です。

余談になるし、カレーの話でもないのだが、以前、麻婆豆腐１００人前というオーダーを受けたことがある。このときは、先のハリオム氏のブログを参考にして、中華鍋で1回に10人前ずつ10回に分けて作った。１００人分を作れるような大きさの鍋はないし、豆腐はグズグズになってしまう。何より、失敗したらリカバリーが利かない。10回に分ければ、50人前は辛口で、残りは甘口で、などということも可能だ。実際、辛さの違う麻婆豆腐を50人前ずつ2本の寸胴で「納品」して好評だった。

それでは、基本となる分量で実際に作り始めよう（以下では、ニンニクショウガ・ペーストを使う）。

①鍋にサラダ油を適量（鍋底全体に行き渡る程度）熱する。

②油が熱くなったら玉ねぎを投入する。
③玉ねぎが透き通ってきたら、ニンニクショウガ・ペーストを加える。
④全体が馴染んでニンニクとショウガの香りが丸くなってきたら、トマトを加える。
⑤トマトを潰しながら炒めて全体が馴染んで来たら、パウダースパイスと塩を加える。
⑥パウダースパイスを加えると焦げつきやすくなるので、注意しながら全体に馴染ませつつスパイスに火を通す。
⑦トマトが完全に煮溶けて滑らかなペーストになったら完成。最後にガラムマサラを少し（5cc程度）加えても良い。

以上で、万能カレーベースのでき上がりだ。全体に濃厚で塩気もキツい仕上がりとなっている。これは、このカレーベースに鶏肉などのメインとなる素材を入れて、さらに水で伸ばしてサラッとした口当たりにすることを想定しているからだ。目安としては、小さなお玉1杯分（100ccくらい）にメインの食材と、水（あるいは牛乳など）適量で1人前（約200g）のカレーになる。

基本、これで十分に美味しいと思うが、もう少しコクを出したい、濃厚な感じにしたい、というときには、カシューナッツを使う。湯に多少漬けて柔らかくしたカシューナッツをミキサーで滑らかなペースト状にして、ニンニクショウガ・ペーストを入れるのと同じタイミングで炒めている玉ねぎの中に投入する。ニンニク、ショウガ、カシューナッツをすべて一緒にミキサーにかけて、ニンニクショウガ・カシューナッツ・ペーストにしても良いだろう。分量は、ニンニクとショウガと同量の60ｇくらいで十分だ。これだけで、カレーベースの仕上がりがぐっと濃厚になる。

玉ねぎは、きつね色になるまで炒めても良いが、その必要はない（「４―４　玉ねぎは茶色になるまで炒めないとダメなのか？」参照）もちろん、そこは各々の好みでもあるのだが。

このカレーベースから、鶏ひき肉の「キーマカレー」に容易に展開することができる。カレーベースができ上がった段階で、すぐに以下の手順を踏む。

①カレーベースにそのまま鶏ひき肉５００ｇを投入して、よく混ぜ合わせながら加熱する。

②ひき肉全体にカレーベースが行き渡ったら、水６００cc程度を加える。

③強火で沸騰させて、アクがなくなるくらいまで煮込む（アクを取る必要はない）。あくまで強火がポイント。

④塩気を確認したら、仕上げにガラムマサラを５cc程度加えて混ぜ込む。

これで、サラッとしていながら鶏肉の味がよく分かる美味しいキーマカレー（約8食分に相当）ができ上がる。キーマカレーの場合は、ニンニクとショウガは細かいみじん切りにしたいところではあるが、ニンニクショウガ・ペーストを使った方が滑らかで良い、という意見もあるかもしれない。

この基本のカレーベースは、冷まして冷蔵庫に入れて保存しておくと、数日程度は問題なく使えるのでとても便利だ。メインとなる素材を変えて、毎日、違うカレーを楽しむ、などということもできる。ただし、冷凍保存はあまりお勧めしない（短期間なら許容範囲かもしれないが）。どうしてもスパイス感が弱くなるし、解凍プロセスでそれがさらに助長される。冷凍するならば、パウダースパイスを入れる直前の状態の方が良いだろう。

実際のカレーベースの使い方であるが、例えば、ハリオム氏がブログで紹介しているベーシックな「チキンカレー」などがその典型的な使い方の一つである。カレーベースに食べやすい大きさに切った鶏胸肉を入れ、多少火が入った段階で水を加えて煮込んでいく。まず、鶏にカレーベースの味を入れつつ、煮込み工程で全体に鶏の味を出していくのである。鶏だけではなくて、煮込み工程でマッシュルームを入れて「チキンとマッシュルームのカレー」などというのも良いだろう。

ハリオム氏のブログでは、「ナスとチキンのカレー」なども紹介されている。レシピをよく見ると、カレーベースには入っていないアジョワン（セリ科の植物の種。甘い香りが特徴で苦味と辛味がある。整腸作用があるとされる）やクミンシードなどのスパイスが使われていたりするが、その違いが素材との相性を考えてアジャストしている部分なのである。

チキンカレーの場合は、基本のカレーベースだけで最後にガラムマサラを加えるくらいで十分に美味しいカレーができ上がると思うが、例えば、独特の香りがある羊の肉の場合には、少し工夫が必要となる。事前に羊をスパイスに漬け込んでおく、あるいはブラックカルダモンなどの強めの香りのホールスパイスを油でじっくり熱して香りを出してから、そこにカレーベースを合わせたりする。これらの手順を踏むことで、カレーベースにさらにスパイス感を追加するわけだ。

もちろん、今回紹介したような汎用のカレーベースは使わずに、初めから羊を想定して羊にとことん合わせたカレーもある。当然、使用するスパイスも変わってくる。同じ素材でも、カレーにはバリエーションがあるのだ（「5―3　羊のカレーに醍醐味あり」を参照）。

素材によっては、先に火を通しておくこともある。例えばナスの場合は、事前に炒めたり、素揚げにしたりすると良いだろう。炒める際には、アジョワンをほんの少し油に加えて炒めると一層美味しくなるように思う。ナスとアジョワンは好相性だ。季節によって旬の素材（春ならタケノコ、秋ならキノコなど）を使ったカレーを試すのも良いだろう。

基本のカレーベースを使って、好みの素材を好みのカレーに仕上げる、というのは、なかなかに贅沢で楽しいことだと思う。あるとき、素晴らしいラム肉（安くはなかったが）が手に入ったので、基本のカレーベースをスパイス強めにして「ラムカレー」にしたところ、外では絶対に食べられない、自分で作るからこその味わいのカレーに仕上がった。

［参考URL］

- 2倍量で作ったらおいしくなかった　http://blog.chefhariom.com/?eid=1212470
- チキンカレー　http://raani.org/recipe/chicken.htm
- ナスとチキンのカレー　http://raani.org/recipe/nasu.htm

4―2　「サグ」とは何か？

インド料理屋に行くと「サグカレー」という名称を目にすることが多いと思う。一般には、ホウレンソウを使った緑色のカレーのことをサグと呼んでいる場合が多い。店にもよると思うが、サグチキン（鶏）、サグマトン（羊）、サグパニール（カッテージチーズ）などが提供されているだろう。

実は、インドで「サグ」というと「菜の花」のことを指すのだという。ホウレンソウは「パラク」という。従って、サグカレーは厳密には菜の花のカレーであり、春先が旬のカレーなのである。菜の花のほろ苦さとスパイスが春を感じさせてくれる、とても美味しいカレーである。花の部分を別途湯がいておいて、菜の花をペースト状にした緑のカレーの中に花だけがはっきりと形を留めている、という感じに仕上げると見た目も良いし、何より美味しい。

ハリオム氏のブログにもこのあたりのことが書かれているので、ちょっと引用・要約する。

> サグは菜の花（からし菜）のことです。菜の花のカレーです。
> 多くのお店では、ほうれん草のカレーのことや、ほうれん草のことを「サグ」と呼んでいます、ほうれん草＝サグというのは、実は間違いです。ほうれん草はヒンディー語ではパラクといいます。北インドでは、誰もほうれん草のカレーのことを「サグ」とは呼びません。

とはいえ、私のレストランのほうれん草のカレーも「チキンサグ」「マトンサグ」「サグパニール」ですが、本来なら「パラクチキン」「マトンパラク」「パラクパニール」なんです。

「じゃ、なんで、オタクの店のメニューも『サグ』なわけ？」というと得意の「郷に入ったら郷に従え」方式なんですよ。日本では「サグにした方がお客様にわかりやすい」というアドバイスに従いました。

さらに「ほうれん草カレー」の話をしますと、ほうれん草のカレーで最もポピュラーなものは以下の3種類です。

・パラクマタル（ほうれん草とグリーンピースのカレー）
・パラクパニール（ほうれん草とチーズのカレー）
・アルパラク（ほうれん草とじゃがいものカレー）

ほうれん草カレーはベジタリアンのカレーというイメージで、あまり肉との組み合わせは一般的ではありません。少なくとも北インドのレストランのメニューにはほうれん草（パラク）と肉のメニューはないと思います。一方、サグ（菜の花・からし菜）の場合は、チキンやマトンとの組み合わせはアリですね。

もともと「サグ（菜の花・からし菜）」は、北インドで多く食べられるものです。そのため私の出身地（ニューデリー）周辺では、「サグ」と「パラク」は絶対違うもの、という感じなのです。

先に「ほうれん草＝サグ」は間違いと断言しましたが、インド国内の北インド以外の地方においては、「ほうれん草のことをサグと呼ぶ」地域もあるようです。それで、日本で「ほうれん草＝サグ」となったのかもしれません。どちらにしても、実際の料理の「見た目」がほとんど一緒ですが、当然、味は違います。

インドでは「ほうれん草（パラク）」は通年流通していますが、菜の花（サグ）は期間限定の季節の食材です。

基本的にインドの家庭料理は「できたて」が一番美味しいのですが、「サグ」に関してだけは、2日目、3日目が美味しいといわれています。そのため「サグ」はサグだけで作って、1日目はチーズ（パニール）を入れて「サグパニール」、2日目はチキンを入れて「チキンサグ」に、3日目はマトンを入れて「マトンサグ」にするなどして楽しみます。

ハリオム氏も触れているように、菜の花は年中あるわけではないので、今回は菜の花やホウレンソウを使った緑のカレーベースを「サグカレー」と総称するということで話を進める。前回のトマトを使った赤いカレーベースとともに、インドカレーの基本となるものであり、これを覚えておくとその応用範囲はとても広い。

サグベースにもトマトを使うが、トマトのカレーベースとの違いは、トマトの量が少ない、使うスパイスが違う、全体が緑色に仕上がる、などである。スパイスについては、ホウレンソウや菜の花には、独特のえぐ味、あるいは渋味と表現できるような味わいがあるので、それとケンカせずその味わいを生かすスパイス使い、ということになる。

以下は、ハリオム氏が公開しているホウレンソウで作る、北インドの代表的で人気のあるカレーだ。ホウレンソウを使ったカレーのレシピである。たっぷりのホウレンソウを茹でるときに、重曹、砂糖、塩を入れると、鮮やかな緑色が持続する。

これらを参考にしつつ、ポイントを押さえていこう。ホウレンソウが入るカレーは、茹でたホウレンソウを具材の一つとして細かく刻んで入れる場合もあるが、今回はサグベースということでミキサーでペースト状にすることを前提に話を進める。

材料は、

・ホウレンソウ
・ホールスパイス
・パウダースパイス
・青唐辛子
・ニンニク
・ショウガ
・トマト
・玉ねぎ
・ホウレンソウを茹でるときの重曹、砂糖、塩
・カレーの味付けのための塩
・牛乳、あるいは生クリーム
・サラダ油

くらいである。

ホールスパイスについては、

・ベイリーフ（シナモンリーフとも呼ばれる。ローリエとは異なる）

・グリーンカルダモン（いわゆる普通のカルダモン。甘みと爽やかな香り）
・ブラックカルダモン（カルダモンに比べると香りが強くちょっとクセがある）
・シナモンスティック（紅茶やカフェオレに使うものと同じ）

である。ブラックカルダモンやシナモンスティックなど、香りが華やかで強いものが入っているので、爽やかな味わいになる。また、ベイリーフ、グリーンカルダモン、ブラックカルダモン、シナモンスティックはすべて甘みを出すスパイスであり、インドではホウレンソウカレーには甘みのホールスパイスがベストマッチとされているという。定番のスパイスでありセオリーともいえるだろう。

パウダースパイスは、パプリカパウダー、カイエンペッパー、ガラムマサラという基本のスパイスに加えて、「カスリメティ」を使うのがポイントだ。カスリメティはハーブの一種だが、フレッシュな葉、乾燥させた葉、粉末にしたものなど、いくつかの種類がある。手に入りやすいのはパウダーである。カスリメティの種が「フェヌグリーク」である。

サグには「カスリメティ」が定番のスパイスなのだ。カスリメティの爽やかな香りは、ホウレンソウのカレーによく合うし、ホウレンソウの味わいを引き立てる。ハリオム氏によれば、ホウレンソウとカスリメティは、ナスとアジョワン、ジャガイモとクミンくらいの「定番」の組み合わせであり、「ほうれん草カレーにカスリメティが入ってないとインド人は怒ります」だそうだ。

カイエンペッパーは、青唐辛子が入っている場合は使わなくても良い。さらに辛くしたい場合に入れると良いだろう。青唐辛子の方が辛味が爽やかである。パプリカパウダーは、独特の甘みでホウレンソウの味わいを引き立てる面がある一方で、色あいがバッティングするので、入れるとしてもトマトのカレーベースよりはぐっと少なめになっている。

ターメリックが入らないのもポイントだろう。ターメリックを使わないのは、ホウレンソウの色が悪くなるから、というのが最大の理由だ。ハリオム氏は、青菜類を使うときはターメリックを使わないという。独特のほろ苦さがホウレンソウなどの味わいを微妙に損なうということもあるだろう。

サグカレーを作るには、まずホウレンソウを茹でるわけだが、先にも触れたように、鮮やかな緑色に仕上げるために必要なのが「重曹」だ。塩、砂糖とともに重曹を入れたお湯でホウレンソウを茹でる。茹でる際には、ホウレンソウの部位によって火が通る時間が異なるので、全体を葉の部分、中間の部分、茎から根元くらいの部分に3等分して、固いところから順にお湯に投入していく。ホウレンソウが茹で上がったら、青唐辛子とともにミキサーでペースト状にしておく。

鍋にサラダ油を引いてホールスパイスを熱して香りを出したら、玉ねぎ、ニンニクショウガ・ペースト、トマトでサグベースの基礎を作る。ここまでは、トマトのカレーベースと同様だ。つまり、玉ねぎとトマト（トマトのカレーベースの約半分）の旨みをベースにしつつ、トマトではなくホウレンソウで全体を支配するように仕上げるのがサグベースなのだ。

ここに、ペースト状にしておいたホウレンソウとパウダースパイスを投入し、最後に生クリームか牛乳を加えて少しマイルドにし、ガラムマサラを適量振り入れる。これでサグベースの完成だ。塩気を調整することで、そのまま食べても良いし、少し塩気をキツくしておいて、メインとなる食材と合わせてから水や牛乳などで少し緩めても良い。

サグベースの応用にはいろいろあるが、代表的なのは冒頭でも挙げたサグチキン、サグマトン、サグパニールあたりだろう。炒めておいたナスを入れた「サグベイガン」（ベイガンはナスのこと）やジャガイモを入れた「アルパラク」（アルはジャガイモ）も美味しい。

なぜかアルパラクでありアルサグとは呼ばないのだが、ハリオム氏によれば、メニューをアルパラクにしたのは「ほうれん草はパラクなんだよっ」と主張したかったというよりは、「アルサグ」より「アルパラク」の方が言いやすい（語呂がいい）からなのだという。インドではアルサグとアルパラクを使い分けているのだそうだ。

「蕪を入れたホウレンソウのカレー」もお勧めだ。蕪は、その味わいと食感、さらにカレーの風味の沁み込み方がインドカレーと好相性なのである（「5―4　ひと味違ったカレーに「蕪」はいかが？」を参照）。

なお、菜の花で作る場合であっても、基本的な作り方はホウレンソウの場合と大きく変わることはない。ただし、菜の花ならではのほろ苦さが際立った仕上がりとなる。

［参考URL］

・サグ　http://blog.chefhariom.com/?eid=1036372

・チキンサグ　http://blog.chefhariom.com/?eid=1281657

4―3　「ガラムマサラ」とは何なのか？

ガラムマサラは、これまでも材料の一つとして挙げてはいたものの、「仕上げにガラムマサラを少々加える」くらいで詳しくは言及しなかった。ここでは、このガラムマサラとはそもそも何なのか、というところから考えてみたい。

ガラムマサラは、いろいろなスパイスを調合したミックススパイスであって、カレーの仕上げに香りや風味を良くするために使う。ガラムは辛い、マサラは混ぜたもの、というような意味だ。メインのスパイスを補い、仕上げ段階で投入することでフレッシュなスパイス感を出すのだ。

どんなスパイスでガラムマサラを構成するかというところに、店や料理人の個性や好み、こだわりが隠されている。つまり、ガラムマサラと総称される仕上げのミックススパイスは、店や料理人によってけっこう違うものなのだ。「そうそう、これがこのお店のカレーの味だよね」と感じる場合には、それがガラムマサラの個性に起因することも多い。

ガラムマサラには、単体で使うスパイスも含まれてはいるものの、それらすべてがメインの味付けに使う場合よりもはるかに少量なので、仕上げにガラムマサラを使うからといって、主たる材料のスパイスの分量について気にする必要はない。ガラムマサラ自体には、カレーのベースとなるだけの力はないのだ。同じようにスパイスなどを配合した日本のカレールーやカレー粉などとは違って、ガラムマサラだけでカレーを作ることはない。

もちろん、カレーの素材やメインのスパイスの組み合わせによっては、ガラムマサラを使わないこともある。素材の味わいを大事にしたい、ガラムマサラの味になってしまわないようにしたい、あるいは複数のカレーを一緒に食べるときに、各々のカレーの個性を際立たせて全部がガラムマサラによる共通の風味に感じられてしまうのを避けたい、といった場合だ。

では、ガラムマサラの役割を実感するにはどうするか。例えば、シンプルなジャガイモのカレーであるアルジラを作ったとする。最終段階のガラムマサラ投入直前まででき上がったカレーを半分に分けて、一方はそのままで、もう一方にはガラムマサラを入れて食べてみると、その違いがよく分かるはずだ。

「香り、味わいともに、入れた方が美味しくなる」と感じられるのではないだろうか。深みが増す、あるいは辛味が強調される、というような感じだ。ガラムマサラを入れた方が美味しいと感じたら、次にカレーを作るときにも入れれば良いし、もし「違いがよく分からない」あるいは「かえって入れない方が好みかも」などと感じたら、入れなくても良いだろう。

とはいえ、前述のようにガラムマサラのスパイスの配合やそれによって決まる香りと味わいは千差万別だ。自分にとって美味しい、あるいは気に入ったものを見つけると話は変わってくるかもしれない。一般的なレシピでカレーを作って、それをお気に入りの「マイ・ガラムマサラ」で仕上げることで、自分オリジナルのカレーにすることができる。これは、なかなかに楽しいことだと思う。

お気に入りのガラムマサラを見つけるには、違うメーカーのガラムマサラをいくつか試してみて好みの味を見つけても良いだろうし、自分で配合を工夫してみても良いだろう。例として、入手しやすい次の素材（すべてホールスパイス）を挙げておく。分量は多いものから順に挙げてある、くらいの感覚でかなりアバウトである。これをベースに好みのスパイスを増減させたり、あるいはここには挙げていないスパイスなどを追加したりするのも良いだろう。

・コリアンダー（パクチーの種）
・クミン
・カルダモン
・ビッグカルダモン
・ブラックペッパー
・シナモンスティック
・赤唐辛子

・メース（ナツメグの身の皮を乾燥させたもの。ナツメグより穏やかで上品な香り）

これらをフライパンで軽く乾煎りして湿気を飛ばし、コーヒー豆などを挽くグラインダーで粉末にする（スパイスの濃厚な香りが付くので専用のものを用意する）。これだけで、明らかに市販品よりも香り高いマイ・ガラムマサラを作ることができる。なんといっても、でき立ての香り高さが味わえる。これは市販品ではなかなか得難いものだ。

一つ付け加えると、ここで挙げたガラムマサラの材料には、ハリオム氏がインドカレーを構成する最重要スパイスとしている「パプリカ」「ターメリック」「カイエンペッパー」が入っていないことがポイントだ（「7—2　スパイス使いのセオリーとローカルナレッジ」を参照）。

この3種類のスパイスは、アルジラやトマトのカレーベースでもメインのパウダースパイスとして登場しているが、ガラムマサラにはこの3種類が使われていない場合がほとんどなのだ。日本のカレールーやカレー粉とは役割が違う、ガラムマサラだけでカレーを作るのは無理、というのはそういうことなのだ。

では、なぜインド人はガラムマサラを多用するのだろうか？　それは、日本における「旨み調味料」的な存在といっても良いかもしれない。「なんかとりあえず、入れておいた方が美味しくなるんじゃないか?」という感じで、いろいろな料理に入れてしまうのだという。

旨み調味料のほかにも、日本で似たような位置づけに相当するものがある。それは、七味唐辛子だろう。味噌汁やそば・うどん、鶏大根のような煮物に七味を振って食べるというだけでなく、唐辛子の比率や山椒の味の濃さなど、さまざまなタイプの七味唐辛子があるところも、ガラムマサラと七味唐辛子はとてもよく似ている。

ガラムマサラは、これを仕上げに入れれば料理を美味しくしてくれる魔法の粉、みたいなものだろうか。旨み調味料が何でできているのか、七味の配合はどうなっているのか、などについて知らない、あるいはあまり気にしない人が多いように、インド人でもガラムマサラが何でできているかは、あまり気にしていない人が多いという。

そもそも、中身を気にしてみたところで、他の単一のスパイスとは違って、ガラムマサラには無数の配合がある。レシピにガラムマサラを載せても、そのガラムマサラと同じものが手に入らなかったら、その料理を本当の意味では再現できないことになる。「家庭の料理」というのは、ある程度の幅があって適度にアバウトで問題ないのである。また、自分にとって美味しい(この味が好きだと思える)ことこそが大事なのだ。

ガラムマサラの材料の例

そんなわけで、ガラムマサラはなかなか奥が深いというか、謎のスパイスなのであるが、仕上げに使ってフレッシュなスパイス感を出す、という点に注目すると、例えば、前日のカレーを次の日に食べる、というようなときにも活躍させることができる。

レシピに「最後に火を止めてからガラムマサラを加える」とある場合、翌日にも食べると分かっているのであれば、その日に食べる分にだけガラムマサラを入れて食べ、残りはガラムマサラを入れずに保存しておいて、温めて食べる直前に加えることで美味しく食べられる。メインとなるスパイスを後で追加するのはお勧めできないが、ガラムマサラを最後に加えることで、味はもちろんのこと香りをより重視したフレッシュ感のあるカレーにすることができる。

4-4　玉ねぎは茶色になるまで炒めないとダメなのか?

ハリオム氏は、「玉ねぎは茶色くしなくて良いのですか?」とよく質問されるという。以下、ハリオム氏のブログの内容を中心に、本人の口調で展開するインドカレーにおける玉ねぎについての「セオリー」である。

確かに、玉ねぎを茶色く小さくなって嵩《かさ》が減るまで炒めるというカレーの作り方は、テレビ番組などでよく紹介されておりますし、実際インドでも「飴色の玉ねぎ」的な作り方がほとんどではあります。特にプロの場合は、十中八九その作り方ですし、インドの家庭でも同様です。だから、「美味しいカレーの作り方のコツ」として、広く紹介されているのだと推測します。

しかし、私の場合はちょっと違います。インド料理教室では、これまでほぼ100種類の「インドカレー」を紹介させていただいておりますが、玉ねぎを茶色く炒めるレシピは一つもありません。

インドカレー的には、プロでも家庭でも飴色が常識ということは、誤解を恐れずに言えば、私がみなさんにご紹介している料理はある意味で邪道なのかもしれませんね。少なくとも王道ではない、といえるかもしれません。

でも、玉ねぎを茶色くしなくても、美味しいインドカレーはできるんです。そんなに時間をかけなくても、美味しいインドカレーができます。そんなにたくさんの種類のスパイスも要りません。

ただし、玉ねぎを茶色くしないカレーは、できたての味と比較して時間が経つにつれて、茶色い玉ねぎをベースにしたカレーよりも味の変化が大きいのです。ですから、何日も置かないでできるだけ早く食べるようにしてください。もっとも、通常のご家庭ではその日のうちか2日目にはすべて消費されるでしょうから、その程度であれば全く問題ありません。

味だけのことを考えれば、家庭料理は「美味しい！」ことが一番。家庭の場合は、日持ちするかどうかや、時間の経過と味の変化などを気にする必要はないので、玉ねぎは軽く炒めるのがお勧めです。

そういうわけで、私のレッスンでは「玉ねぎを茶色くする必要はありません」というのがひとつのポリシーみたいなもので、いままでのレッスンでも飴色玉ねぎのレシピをご紹介したことがないのです。

私が推奨している透明になる程度で良いというのは、インド料理業界的には邪道、というのは言い過ぎかもしれませんので少数派くらいにしておきましょうか。

私は個人的に、飴色にする必要がないと思っています。むしろ、飴色でない方が美味しいかもしれないと思っています。飴色に炒めるのと軽く炒めるのを使い分ける必要はなく、いつも軽く炒める作り方でOKです。

もし、飴色玉ねぎとそうでない場合の違いを知りたいという場合は、同じレシピで軽く炒めたものと、じっくり炒めたものを両方同時に作ってみて食べ比べてみることをお勧めします。その結果、「どちらが美味しいか?」という、かなり主観的な結論になります。

もしかすると、二つ作ってもあまり違いがわからないかもしれません。あるいは、むしろ軽く炒めたカレーの方が美味しいかも。だったら簡単な方がいいよね、というのが私の結論です。

インド料理に使う玉ねぎについては、みじん切りが一番多いと思いますが、スライスもありますし、ペーストという使い方もあります。私の知る限りでは、特にこのカレーだとこの切り方で作らないといけない、というようなルールや法則のようなものはないと思います。

同じ名前の料理でも、いろいろな作り方があります。それは、家庭でもプロの料理人でも同様です。全体のバランスを考えて、どの切り方が最適かを考えるということはあると思うのですが、それも人によって意見が分かれるところだと思います。

私のインド料理教室でみなさんにご紹介しているレシピの場合は、私がこの料理に最適だと思う切り方でご紹介しております。もちろん私の中でも、「この料理はこうでないと」というのはあるにはあるのですが、具によって変わる場合もありますしケース・バイ・ケースなので「コレの場合はコレ」というように、決め打ちで紹介するのは難しいのです。

唯一、玉ねぎの姿が確認できないと料理として成立しないのが「チキン・ド・ピアザ」や「マトン・ド・ピアザ」ですね。これは、鶏（あるいは羊）と2種類の玉ねぎという名前の料理で、カレーベースには姿の見えない玉ねぎが使われていて、さらに具材として玉ねぎが入っている、というダブル玉ねぎの料理です。この場合、玉ねぎが確認できないと料理として成立しないので、具となる玉ねぎは大きめに切ることになります。火は入れ過ぎないようにして、玉ねぎの食感を残すようにします。

インドでは赤い（紫？）玉ねぎが普通です。サラダもカレーも、みんな赤い玉ねぎで作ります。日本で普通に売っている茶色い玉ねぎは、インドでは「山の玉ねぎ」（たぶん北部で収穫されるからなんだと思います）と呼ばれていて、年間で1カ月か2カ月くらいしか流通しません。でも、赤い玉ねぎは年中売っています。

以上がハリオム氏の玉ねぎについての見解と解説である。自分でカレーを作っていて感じるのは、茶色くなるまで炒めた玉ねぎのコクよりも、素材の味わいやスパイス感が際立っている方が、カレーとしてはフレッシュで美味しいのではないか、ということだ。第2章のアルジラでも紹介したように、ジャガイモと玉ねぎの味噌汁と対比して考えると分かりやすいかもしれない。玉ねぎを茶色くなるまで炒めた場合とそうでない場合の違いを味噌汁で想像してみると、なんとなくその感じが分かるのではないだろうか。

そういうわけで、時間もかかることだし、玉ねぎは軽く炒める程度でカレーを作るようにしている。とはいえ、例えば味にちょっと厚みが足りないなどの場合もあるだろう。そんなときには、コク出しのために市販の炒め玉ねぎやフライドオニオン（どちらも便利ですねぇ）を使う、などという方法もある。実際そうすることは滅多にないが。

［参考URL］

・インド人シェフのレシピ　http://blog.chefhariom.com/?cid=16885
・私のご紹介するインド料理　http://blog.chefhariom.com/?eid=726768
・インド料理でよく使うスパイス　http://blog.chefhariom.com/?eid=832896
・たまねぎのみじん切りのコツ（動画）　http://blog.chefhariom.com/?eid=828501
・まな板を使わないたまねぎのみじん切り（動画）　http://blog.chefhariom.com/?eid=771385

第5章　インドカレーでよく使う食材を知る

5—1　豆のカレーと野菜のカレーこそが真髄

日本人は、カレーに何らかの肉（あるいはエビなどの動物性たんぱく質）が入っていないと満足しない、という傾向がある。これは、ハリオム氏も認識していて、ある日のインド料理教室では、本来は野菜だけで作るちょっと変わったカレーを紹介するときに、鶏ひき肉を入れて日本人に分かりやすくなるようアジャストしたりしていた。

しかし、インドカレーの真髄は、豆のカレーと野菜のカレーにあると思うのだ。日本のいわゆる「カレーライス」ではあまり見られないのが、豆のカレーと野菜だけのカレー（「夏野菜カレー」なんてのを目にすると妙な胡散臭さを感じてしまう）であり、この両ジャンルにはインドカレーならではの世界が広がっている。

背景には、インドの気候風土やそこで作られてきた農作物も影響しているだろうし、宗教的な要因もあるだろう。インドで肉といえば、鶏と羊が中心で地域によっては豚も食べる、という感じだと思われるが、日本の場合でもそうであるように、鶏を締めて捌《さば》く、あるいは羊を屠《ほふ》る、などという行為は日常的なものではなく、「ハレ」の行為ではなかったかとも考えられる。そういった中で、宗教的制約もなく日常的な食の中心に位置していたのが、野菜であり豆であったのではないだろうか。

ハリオム氏のブログによれば、インドでは豆のカレーが人気だという。ベジタリアンの多いインドでは、豆は肉に代わるたんぱく源としても重要な食材という位置づけなのだ。豆カレーは、インドの家庭料理を代表する料理でもある。1日3食のうち1食は、必ず豆カレーを食べるほどだ。ハリオム氏のレストラン「ラニ」では、数十種類のインド豆を常備している。定番メニューの豆カレーの豆は毎日違う種類の豆を使い、日替わりのカレーでも豆カレーを用意している。

このように、インドカレーで使う豆には何種類もあるが、最もポピュラーなのはひよこ豆（チャナ豆、ガルバンゾー）だろう。これを使ったカレーは、既に紹介したようなベーシックなチキンカレーやキーマカレー、アルジラなどとほぼ同じスパイスを使って作るにもかかわらず、豆の味わいが濃厚なまったく異なるカレーになる。そして、豆の美味しさというものがとてもよく分かる。もちろん、豆とチキンのカレーなどのバリエーションも可能であるが、あまり材料をいろいろ入れてしまうと豆というテーマがはっきりしなくなる。

豆のカレーには、豆の種類を絞ったもの、たくさんの種類の豆を入れるもの、豆と何かを組み合わせたもの、あるいは使うスパイスの種類や量を調節することでスパイシーなものからマイルドなものまで、豆の味わいに合わせたバリエーションがある。よく使われる豆としては、前出のひよこ豆、レッドキドニー（赤インゲン豆）、レンズ豆、ムング豆、ウラド豆、ラージマ豆あたりだろうか。

和食でいえば、いろいろな煮豆、お汁粉、豆の入ったお粥などのようなものに相当するだろうか。豆といってもいろいろあって、豆に応じた料理がたくさんある、という点では和食もインドカレーも同様だ。とはいえ、インドカレーで使う豆が日本でも馴染み深いものばかりとは限らないし、大豆で煮豆、小豆ならお汁粉というような、豆の使い分けや味付けのセオリーなども分からないので、豆のカレーといわれてもなかなかイメージしにくい、ということはあるだろう。

豆と同様に野菜のカレーにも、使う野菜やその組み合わせによって無限ともいえるバリエーションがある。カレーベースがたっぷりの汁気が多いものから、ドライなサブジ（炒め物に近い）まで、ひとくちに野菜のカレーとはいってもタイプはいろいろだ。

複数の種類の野菜が入るカレーの難しさは、素材によって火が通る時間や食べ頃の食感が異なるということに尽きる。しっかり火が通っているべきものは十分に加熱され、火が入り過ぎると美味しくないものはさっと加熱するだけ、サクッとした食感やホクホクとした歯ごたえを大事にしたい素材など、食べるときにすべての野菜が一番美味しく味わえるように調理するのが至難の業なのだ。

例えば、ナス、オクラ、ピーマン、レンコン、カボチャなどが入ったカレーを思い浮かべてみるとよく分かるだろう。いわゆる「ごった煮」になっていなくて、各々の野菜がはっきりと自己主張しつつスパイスでまとめられている、というのが野菜カレーの理想的な形なのだ。素材によってカレーベースの中で直接加熱したり、事前に軽く炒めたり、素揚げにしておいたり、といった段取りが重要となる。「野菜カレーを食べてみると、その店の料理人の腕が分かる」とハリオム氏も言っている。

そういうわけで、豆のカレーについて分かりやすいと思われる「ひよこ豆のカレー」を例として挙げておこう。

豆のカレーは、思いついたらすぐに作れる、というモノではない。それは、乾燥した状態の豆を一晩浸水させる必要があるからだ（豆にもよるが、長時間茹でないと柔らかくならないものもある）。前日の夜にたっぷりの水で浸水させておいて、翌朝、その豆を茹でながらカレーベースとなる他の材料を準備していく。ひよこ豆には水煮の缶詰もあるが、ぜひ自分で茹でた豆と煮汁を使ってみてほしい（「9―1　ひよこ豆のカレー」を参照）。

［材料］
・乾燥ひよこ豆
・ホールスパイス：クミンシードとコリアンダーシード
・ニンニク
・ショウガ
・玉ねぎ
・トマト
・パウダースパイス：パプリカ、ターメリック、カイエンペッパー
・ガラムマサラ

ひよこ豆浸水中

・塩
・水
・サラダ油

①たっぷりの水に浸しておいたひよこ豆の水を切り、少量の塩を入れた湯で豆が柔らかくなるまで茹でる。だいたい、25〜30分くらい。柔らかさはお好みで。
②ニンニク、ショウガは細かいみじん切り（アルジラの回でも紹介したように、ショウガを若干粗めにすると良い）かすりおろし、トマトは粗みじん、玉ねぎはみじん切り、クミンシードとコリアンダーシードを軽く潰しておく。
③鍋にサラダ油を引いて、潰したクミンとコリアンダーを入れじっくり加熱して香りを

出す。

④香りが出たらニンニクを加えてきつね色になるまで炒める。

⑤玉ねぎとショウガを加えてさらに炒める。

⑥玉ねぎが透き通ってきたら、トマトを加えて潰しながら炒め、パウダースパイスと塩を加えてさらに炒める。

⑦トマトが原形をとどめないくらいのペースト状になってきたら、茹でていたひよこ豆を茹で汁ごと加える。

⑧少し煮込んで馴染ませたら、仕上げにガラムマサラを振る。お好みで無塩バターを少し入れてもコクが出て美味しい。

前日から浸水させる必要があるというだけで、カレー自体はサクッととても簡単にできるし、失敗することもまずない。豆の味がよく分かって、かつスパイシーなカレーを手軽に味わうことができる。カレーベースとひよこ豆を合わせる直前くらいに鶏胸肉を入れて、豆とチキンのカレーにしても（多少、方便な感じもあれど）良いだろう。

この例では、ひよこ豆だけを使っているが、複数の種類の豆を使う場合には、豆によって浸水や茹で時間など、食べ頃の固さあるいは柔らかさになるまでの時間が異なるので、豆ごとに別に茹でる（固い豆は圧力鍋を使うことも）など、さらに一手間かける必要がある。だから、何種類かの豆のカレーを常時提供するということは、なかなか難しいことでもあるのだ。

ちょっと余談となるが、調理済みのひよこ豆はジャガイモなどと違って冷凍しても食感があまり変わらないので、ガラムマサラで仕上げる前の段階で取り分けておいて冷凍保存する、などということもできなくはない。当然、スパイス感は鈍るし、でき立てには敵わないのではあるが、解凍してガラムマサラで仕上げると、そこそこの状態で食べられるのが嬉しい。

野菜のカレーについては、いろいろと奥が深くてとても全貌をつかむまでには至っていないけれど、残り野菜への応用範囲が広い「ナスとオクラなどのドライなカレー（サブジ）」を挙げておく。これを基本として覚えておけば、何か一品足りない、あるいはカレーっぽい味のものが食べたい、といったときにとても重宝する。ライスで食べるのも良いが、チャパティ（全粒粉で作るインドの薄いパン。発酵させないのでとても簡単に作ることができる。「5―5　普段の食事なら、ナンよりチャパティがお勧め」を参照）に挟んで食べると

ナスのサブジの材料

美味しいと思う。

［材料］

・残り野菜（ナス、オクラ、ピーマン、玉ねぎ、トマトあるいはミニトマトなど）
・ショウガ（千切り）
・パウダースパイス（パプリカ、ターメリック、カイエンペッパー）
・塩
・サラダ油

①鍋にサラダ油を引いてショウガを炒め、すぐに玉ねぎを加えて炒める。
②玉ねぎが透き通ってきたら、粗みじんにしたトマトを加えて馴染ませる。

③トマトが馴染んできたら、パウダースパイスを加えてさらに炒める。
④他の材料を火が通りにくい順に投入する。ナスは素揚げ、あるいは事前に炒めておいても良い。
⑤全体の塩気を調整して完成。

あえてホールスパイスは記していないが、これは必要ないと思うから。お好みでクミンやコリアンダーを使っても良いだろう。ナスが主役ならアジョワンを少し入れても良い（ナスとアジョワンは好相性）。ニンニクも省略したが同様だ。いずれも、もし入れるなら前述のひよこ豆のカレーの手順を参考にされたい。パウダースパイスは、基本の3種類である。

全体の汁気のバランスはトマトの量で調節する。必要に応じて多少の水を加えて緩めても良い。洋食でいうところのラタトゥイユやカポナータのような、乱暴に言ってしまえば「野菜のトマト煮」のインドカレー版トマト少なめ、だと思って大きな間違いはない。

これも、若干の方便感はあるが、アルジラを作っておいて（当然、ジャガイモは食べ頃になっている）、そこに他の野菜をいくつか加えて、即席の野菜カレーにしてしまう、というのも割と使える手段である。ナスやカボチャなら素揚げにしてから、オクラやキノコの類ならそのまま投入など、加える野菜によって火の通し方を意識する。アルジラの場合、クミンが効いているので、せっかくのその風味を他の強いスパイスで損なわないようにした方が良いと思う。

ひよこ豆についてのちょっとした薀蓄《うんちく》を垂れておきたい。ダールというとヒンディー語で「豆」全体を意味し、ひよこ豆は「チャナ豆」「ガルバンゾー」（スペイン語）などと呼ぶが、「チャナダール」というと、実は、ひよこ豆とは違う豆なのだ。日本語でチャナ豆といったら、普通のひよこ豆のことではあれど、チャナ豆をヒンディー語に直訳・全訳するとチャナダールになってしまい混乱しがちである。

ハリオム氏によれば、インド人同士でも「どっちのチャナだよ?」となったりしてややこしいという。豆を発注するときによく確認しないと、間違えて発送されるということが日常茶飯事らしい。そういうわけで、ここでは「ひよこ豆＝チャナ豆＝ガルバンゾー」ということにしておく。

［参考ＵＲＬ］

・インドの豆／インド豆を使ったカレー　http://raani.org/accessary/dal.htm

・インドの豆　http://blog.chefhariom.com/?cid=34629
・インドの野菜　http://blog.chefhariom.com/?cid=32826
・インドの食材　http://blog.chefhariom.com/?cid=57899
・チャナダール　http://blog.chefhariom.com/?eid=544327

5−2　チキンカレーで使うべきは鶏のどの部位か？

インドカレーの中でも最もポピュラーなカレーは、チキンカレーではないだろうか。とはいえ、カレーベースの種類や鶏肉の部位などによって、チキンカレーには多くのバリエーションがある。

ハリオム氏が公開している「ベーシックなトマトベースのチキンカレー」を念頭に置いて、鶏肉はどの部位を使うべきか、その選択は何がポイントなのか、といったことを考えてみたい。

簡単に言ってしまうと、チキンカレーは「胸肉」で作るのが美味しいのである。同じ作り方でモモ肉と胸肉のカレーを作って比べてみるとよく分かるが、モモ肉よりも胸肉の方が食感がふっくらとソフトでさっぱりと美味しい。モモ肉だと脂が強いということもあって、鶏くさくなってしまう（その方がコクが感じられて好き、という人もいるだろうが）。

また、筋肉組織の違いから、モモ肉だと肉にカレーの味が入りにくいということもある。カレーベースに肉の味が出て、肉にはカレーの味わいが入り込む、このバランスが肉に火が通るタイミングでちょうど良い、というのが胸肉の良さなのだ。

ただしこれは、作り置きではないでき立てのカレーを食べる場合に限った話だ。胸肉は、時間が経過すると火が入り過ぎて固くなってしまうので、完成した状態で作り置きするような場合は、モモ肉の方が良い。あるいは手羽元など長時間の加熱を前提にした骨付きの鶏肉を使う。和食であれば出汁の沁み込んだ「筑前煮」などを思い浮かべてみると、胸肉のカレーが長時間経過したらどうなるかが想像できるだろう。

ひと口大に切った鶏胸肉を使うチキンカレーは、胸肉のソフトでさっぱりとした味わいを最小限の加熱で味わう、というカレーなのである。チキンの味わいをカレーベースに出しつつ、火を入れ過ぎずにふわっとした鶏肉が味わえるように作る。作ったときのでき立ての美味しさをその都度味わうものである。サグ・チキンカレー（ホウレンソウや菜の花で作る緑のチキンカレー）も同様だ。鍋料理でいうところの「煮え端の美味しさ」なのである。この火を入れ過ぎない、胸肉とモモ肉の使い分け、という点はカレーに限ったことではなく、チキンのトマト煮などについても言えることだろう。

もう一つ大事なことは、皮を取ってから調理する、ということである。皮と余分な脂(黄色いのがちょっと付いていたりする)はあらかじめ取り除いておくのが、鶏肉の純粋な美味しさを味わうためには重要なことだ。

チキンカレーのバリエーションとして、ヨーグルトの酸味を生かしたヨーグルト風味のチキンカレーがある。あらかじめ、ひと口大に切った鶏肉をヨーグルトとスパイスを混ぜたものに漬け込んでおく。それをヨーグルトも一緒に一気に煮込むので、先に紹介したようなカレーベースを作ってから最後に鶏肉を加えるカレーに比べて煮込み時間が長くなる。このように煮込み時間が長い場合は、胸肉よりも肉に味が入りにくく固くなりにくいモモ肉が適しているだろう。

また、作り置きも想定されるような場合には、意図的にモモ肉や骨付きの鶏肉を使う。モモ肉の方が加熱によって固くなることが少ないし、カレーの味が沁み込んだ美味しさを味わうことができる。さっと加熱しただけだと、胸肉に比べて鶏くさい感じもするが、じっくり加熱すると鶏から出る旨みがカレーに馴染んでコクのある味わいになる、という側面もある。

手羽元などの骨付きの場合は、骨が容易に外れるくらいまで煮込むと、鶏の味わいがしっかりとカレーソースに感じられるようになって美味しい。銀座の某有名店の名物ランチは、身離れが良くなるまで煮込んだ骨付きのモモ肉を客の目の前で骨を外してほぐしてくれるのが売り物だ。

そういうわけで、チキンカレー、サグ・チキンカレー、豆とチキンのカレーなど、鶏肉を最後に入れるタイプのカレーは鶏胸肉で、ヨーグルト風味のチキンカレーのようにある程度煮込む場合にはモモ肉で、といった感じで使い分けている。さらに長時間かけてじっくり煮込むタイプのカレーの場合は、手羽元や骨付きの肉を使うこともある。

鶏肉を使うカレーは、ゴロッとした鶏肉が入っているカレーだけではない。ひき肉を使った「キーマカレー」も代表的、かつ基本となるカレーの一つである。キーマは「ひき肉」を意味する。羊肉のひき肉を使うカレーもあるが、単にキーマカレーというと通常は鶏ひき肉のカレーを指す。

もちろん好みはあるだろうが、キーマカレーの場合も、胸肉で作った方がさっぱりとしてトマトやショウガの味わいもよく分かって美味しい。モモ肉で作っても美味しくできるが、やはりちょっと濃厚な味わいになるし、冷えるとゼラチン質で全体が固まってしまう

（実害はないが）。

胸肉、モモ肉のいずれの場合も、理想的には皮を取ってから調理直前に1回挽き、である。スーパーのパックになったひき肉ではなくて、店頭で肉を挽いてもらうのが良い。余談だが、「鶏ひき肉」というのは胸肉のひき肉のことを指す、ということを近所の肉屋で初めて教わった。

チキンカレーのスパイス使いはシンプルを良しとする。ハリオム氏によるチキンカレーやキーマカレーのレシピでもそうだが、チキンカレーを作るための基本のスパイスは3種類程度で十分なのだ。第2章で紹介したジャガイモのカレー「アルジラ」とほとんど変わらない。基本中の基本ともいえるキーマカレーを例に、チキンカレーのスパイスについて少し考えてみよう。

ニンニク、ショウガのほかには、パウダースパイスとしてパプリカ、ターメリック、カイエンペッパーの3種類しか使わない。最後に投入するガラムマサラ（仕上げに使うミックススパイス。これにもいろいろなスパイス調合の流儀がある。「4―3「ガラムマサラ」とは何なのか？」を参照）には、クミン、コリアンダー、シナモン、カルダモン、ブラックペッパー、メースなどが入っているが、これはあくまで最後の香り付けにごく少量使うだけ

カブとチキンのカレー

であって、カレーとしての味のベースは先の3種類のスパイスで構成する。要するに、トマト、玉ねぎ、鶏肉の味わいを殺さないように最小限のスパイスでカレーに仕上げるのが、キーマカレーやチキンカレーのようなシンプルなカレーのポイントなのである。

キーマカレーは、カレーそのものに鶏のひき肉から出た味わいがよく感じられるので、他の材料、例えばナス、オクラ、ジャガイモ、豆などを追加しても美味しいカレーになる。ただし、追加する他の素材はシンプルにしたい。何でもかんでも入れてしまうと、何のカレーなのかテーマが判然としなくなるからだ。大根や蕪を入れて、ふろふき大根の鶏そぼろ餡をイメージさせるようなカレーも美味しいし、キーマカレーに鶏胸肉を追加して多少スパイスを強めにしたダブルチキンのカレーも、ちょっと贅沢で美味しいカレーである。

ひき肉ではないゴロッとした鶏肉で作るチキンカレーでも、野菜などを合わせることでバリエーションが広がる。キーマカレー同様にナス、大根、蕪、ジャガイモ、ニンジン、マッシュルームなどが挙げられる。和食で言うと「鶏大根」などのようなものだろうか。いずれにしても、あまりたくさんの素材を組み合わせるのではなく、お互いを引き立てるようなシンプルな組み合わせにして、組み合わせる素材によってスパイスを多少調節する、というのがポイントだろう。

鶏といえば、ちょっと変わり種になるが「砂肝のカレー」も格別だ。コリコリとした砂肝独特の歯ごたえに、胸肉などよりはちょっとスパイシーに仕上げたカレーがとてもよく合う。ハリオム氏は、丸のまま買ってきた鶏肉を捌いた後に、残った首肉で「まかない」的なカレーを作ったりもしている。

［参考ＵＲＬ］

・チキンカレー　http://raani.org/recipe/chicken.htm

・キーマカレー　http://raani.org/recipe/keema.htm

リンク先のキーマカレーのレシピは、とても簡単でしかも失敗する心配がまずないので、ぜひお試しを。特に初めての場合は、スクロールすると見える「その2」のレシピがお勧め。

5―3　羊のカレーに醍醐味あり

唐突ではあるが、田邊は札幌で生まれ育った人間である。そういうわけで、ジンギスカンがソウルフードであり、とにかく羊の肉が好きである。一番好きな肉は何？　と訊かれたら、迷わず羊と答える。インドカレーでも同様で、羊のカレーが最も好きなカレーである。5―1では、豆や野菜のカレーこそがインドカレーの「真髄」と書いてはいるが、羊のカレーには「醍醐味」があると思っている。

羊のカレーにも、バリエーションがある。トマトベース、サグ（ホウレンソウ）ベース、あるいはスパイス使いのバリエーション、さらには塊の肉を食べやすいサイズに切って使う、ラムチョップをそのまま使う、ひき肉を使うなどいろいろある。

羊の肉は、とても上質なものが安くはないものの手に入るようになった。マトンの冷凍成型肉がソウルフードという身としては、昨今の生ラムなどは上品に過ぎる、などという贅沢な悩みさえあるほどだ。なお、ラムは生後1年くらいまでの子羊、マトンはそれ以上に成長した羊のことである。マトンの方が肉質が固いし、羊特有の香りは強い。

いずれにしても、鶏肉とは違った独特の香りがあるので（それが苦手、という方も多いと思うが）、強めのスパイスを合わせることで、羊の味わいとスパイスとの相乗効果を楽しむのが羊のカレーである。菜の花で作ったほろ苦いサグカレーなども、羊とよく合うと思う。

ここでは、ハリオム氏のレシピから二つ紹介したい。「マトンカレー」と「ラムチョップマサラ」である。いずれもブログやWebサイトには掲載されていないものである（「9—8　マトンカレー」「9—9　ラムチョップ・マサラ」を参照）。この二つのレシピには共通する点が多いので、羊のカレーの基本的なポイントがよく分かるだろう。

どちらのレシピでも、肉は前日にスパイスに漬け込んでおく。また、羊の肉は鶏などよりも固いので、柔らかくなるまで多少時間をかけて煮込む必要がある。材料にあるニンニクショウガ・ペーストは、ニンニクとショウガを同量すりおろして合わせ、水で少し伸ばしたペーストである。また、ここでも基本の3種類のスパイス（パプリカ、ターメリック、カイエンペッパー）がメインのパウダースパイスとして使われている。

■マトンカレー

マトンを使ったカレー。独特の香りに対応して、シナモンやメースなども加えた強めのスパイス使いとなっている。材料は、

・マトン

・ニンニクショウガ・ペースト

・仕込み用スパイス

　カイエンペッパー

　パプリカ

　ターメリック

　ガラムマサラ

　塩

※ここまで前日に仕込むもの。

・玉ねぎ

・トマト
・ニンニクショウガ・ペースト
・サラダ油
・水
・ホールスパイス
カルダモン
ブラックカルダモン
ベイリーフ
シナモン
メース
・パウダースパイス
カイエンペッパー
パプリカ
ターメリック
塩

・仕上げ用パウダースパイス
　カスリメティ
　ガラムマサラ

①前日に、肉とニンニクショウガ・ペースト、仕込み用スパイスを合わせて冷蔵庫で一晩寝かせる。
②サラダ油をじっくり熱してホールスパイスの香りを出す。
③香りが出たら、みじん切りにした玉ねぎを加えて透き通るまで炒める。
④ニンニクショウガ・ペーストを加えて炒める。
⑤粗みじんにしたトマトを加え、少し崩れてきたらパウダースパイスを加えて炒め、全体をペースト状にする。
⑥スパイスに漬け込んでおいた肉を加える。
⑦水を加えて肉が柔らかくなるまで煮込む（時間がないときは圧力鍋を使ってもＯＫ）。
⑧仕上げ用パウダースパイスを加えて完成。

■ラムチョップマサラ

ラムチョップを使ったちょっと汁気少なめのカレー。マトンカレーよりは多少抑えめではあるもののスパイスは強めにしてある。さらにスパイスに加えて、ヨーグルトとレモンの酸味、みじん切りで加えるショウガの食感が多少残ったフレッシュな味わいがポイントだ。材料は、

・ラムチョップ
・ヨーグルト
・レモン汁
・仕込み用スパイス
　カイエンペッパー
　パプリカ
　ターメリック
　ガラムマサラ
　塩

※ここまで前日に仕込むもの。

・玉ねぎ
・トマト
・ショウガ
・ニンニクショウガ・ペースト
・サラダ油
・水
・ホールスパイス
　カルダモン
　ブラックカルダモン
　ベイリーフ
・パウダースパイス
　カイエンペッパー
　パプリカ
　ターメリック
塩

①前日に、ラムチョップとヨーグルト、レモン汁、仕込み用スパイスを合わせて冷蔵庫で一晩寝かせる。
②サラダ油をじっくり熱してホールスパイスの香りを出す。
③香りが出たら、みじん切りにした玉ねぎを加えて透き通るまで炒める。
④ニンニクショウガ・ペーストとショウガのみじん切りを加えて炒める。
⑤トマトを加え少し潰れてきたらパウダースパイスを加えて炒める。
⑥スパイスに漬け込んでおいたラムチョップを漬け汁ごと加える。
⑦水を加えて40分以上煮込む。

さらにもう一つ、こちらは第4章で紹介したトマトのカレーベースあるいはサグのカレーベースを使って作る羊のカレーを紹介しておく。肩ロースや薄切りのラムなどが手に入ったときに、若干、方便な感じもなくはないが簡単に作ることができる。

肉は食べやすい大きさに切り、パウダースパイス（基本の3種類であるパプリカ、ターメリック、カイエンペッパーに加えてブラックペッパーなども良いと思う。この辺はお好みで）とガラムマサラ、塩で軽く下味を付ける。カレーベースが既に十分な味なので下味は軽くで良いし、前日でなくても良い。

①鍋に油を引いて、カルダモンとブラックカルダモンを入れて香りを出す。
②香りが出たら、カレーベースを加えて温める。
③カレーベースが温まってフツフツしてきたら、下味を付けておいた肉を加えてしばらく混ぜながら加熱する。
④水を加えて塩気を調整し、肉が柔らかくなるまで煮込む。
⑤最後にガラムマサラをちょっと多め（普段の1・5倍くらい）に振り入れる。

骨付きのラムチョップを使う場合は、先に紹介したラムチョップマサラのように、そのまま骨ごとカレーにしても良いのだが、ラムチョップの骨を外してそれでスープを取って、その羊の味が濃厚なスープでカレーを伸ばしても美味しい。ちょっと羊の味がキツ過ぎて苦手、という場合は水で伸ばせば良い。牛乳を少し入れてもマイルドになって食べやすいだろう。

上記手順の②でカレーベースを加える前に、玉ねぎをざく切り（1・5センチ四方くらい）にしたものを入れて、軽く炒めてからカレーベースを加えると「ラム・ド・ピアザ」になる。ラムのダブル玉ねぎ（ピアザ）カレーという意味で、カレーベースの中の煮溶けた玉ねぎと後入れの食感を残した玉ねぎでラムを味わうカレーである。

いずれのレシピでも、羊の個性の強さに対応して、カレーベースにブラックカルダモンの香りを加えたり、ガラムマサラを多めにしたりして、スパイス感を強めにするわけだ。

5―4　ひと味違ったカレーに「蕪」はいかが？

蕪は、独特の甘みとソフトな食感でとても美味しい根菜だ。和食の煮ものや洋風のスープ煮などがポピュラーだと思うが、実は、大根（第3章　インドカレーとしての「ぶり大根」を参照）とともにインドカレーで大活躍するのが蕪なのである。

普段のカレーが、蕪を入れることでまったく別の味わいのカレーになる。インドカレーのレパートリーを増やすのに欠かせない存在なのが蕪や大根なのである。ハリオム氏も蕪を使うのが得意である。

例えば、キーマカレーに蕪を入れると、蕪のそぼろあんかけ的な風情になる。鶏の胸肉と合わせても良い。もちろん鶏大根のように大根でも良いのだが、加熱時間が短くて済むのが蕪の良いところだ。いずれにしても、鶏肉と根菜は好相性なのである。また、豚肉であっても、和食の豚大根をイメージすると分かりやすいと思うが、美味しいカレーができ上がる。

蕪のカレーを作るときは、蕪の葉も捨てずに取っておく。蕪が食べ頃になる直前くらいに、みじん切りにした蕪の葉をカレーに投入すると、蕪の香りと味わいがよりはっきり分かるようになる。ホウレンソウのカレーのように、ここでほんの少しカスリメティを振り入れるとさらに爽やかな香りを加えることができる。ここでも、「青菜にはカスリメティ」なのだ。

ただし、蕪は繊細な味わいが持ち味なので、あまり強いスパイスとは組み合わせない方が、蕪の味わいがよく分かって良いのではないかと思う。例えば、ガラムマサラはちょっと少なめにしておくなども効果的だろう。

蕪が入ったカレーは、すぐ食べるなら良いが、そうでないときは、蕪が食べ頃になったら水を張ったシンクなどで急冷して冷蔵庫で保存したほうが良い。それ以上に火が通ってしまうとトロトロになりすぎてしまって、せっかくの食感が台無しになるからだ。食べるときに温めて（電子レンジでもＯＫ）、前述のカスリメティを少し、で仕上げる。食べるときの加熱を考慮して、「食べ頃の直前」くらいで保存すると良いだろう。

以下では、蕪入りキーマカレーの作り方とポイントを説明する。材料は以下である（「9―2　キーマカレー（鶏ひき肉）」を参照）。
・蕪（ピーラーで皮をむいて、縦割りで8等分にしておく）
・蕪の葉（みじん切りにしておく）
・鶏胸肉のひき肉
・トマト（粗みじん）
・玉ねぎ（みじん切り）
・ニンニク（細かいみじん切り）
・ショウガ（ニンニクよりちょっと粗いみじん切り）
・サラダ油
・水
・パウダースパイス
　パプリカ

ターメリック
カイエンペッパー
塩
・仕上げのスパイス
カスリメティ
ガラムマサラ

手順は次のような感じだ。基本的には、普通にキーマカレーを作って、仕上がり前に蕪への火の通り具合を考慮して蕪を加えるだけである。

①サラダ油を熱してニンニクをきつね色になるまで焦がさないように炒める。

②玉ねぎを加えて軽く馴染ませたら、ショウガを加えてさらに炒める。ショウガをちょっと粗めに刻むのと後入れにすることで、ショウガのフレッシュな香りと食感が残って美味しいと思う。このあたりはお好みなので、ニンニクとショウガはすりおろしても良いし、玉ねぎを入れる直前に同時に入れても良いだろう。

③玉ねぎが透き通ってきたら、トマトを加え潰しながら炒める。

④全体がペースト状になってきたらパウダースパイスを加え、焦げつかないようによくかき混ぜながら、スパイスに火を通す。
⑤全体が赤いペーストになった頃に鶏ひき肉を加えて、均一になるように馴染ませる。
⑥鶏ひき肉が白くなってきたら、蕪を加えて鶏ひき肉とカレーベースに蕪をよく馴染ませる。
⑦水を加えて、蕪が食べ頃になるまで（串を刺したりして確認する）煮込む。
⑧火を止める直前にみじん切りにしておいた蕪の葉を加え、葉に火が入ったくらいのタイミングで仕上げのスパイスを加えて火を止める。

蕪の代わりに大根を使う場合には、蕪に比べると味が沁み込んで柔らかくなるのに時間がかかることを想定して調理する。切り方をいちょう切りにして繊維の断面から味が沁みやすくしたり、肉と一緒に煮込む時間を長くするなどである。また、キーマカレーではなくて、基本のカレーベースと鶏手羽などのある程度の時間をかけて煮込む必要がある肉と合わせて、大根と肉が同じくらいのタイミングで食べ頃になるようにする、という手もある。

今回は、蕪を中心に紹介したが、旬の野菜で季節を味わうというのは、インドカレーの大きな楽しみの一つだ。特に家庭料理としてのインドカレーであれば、その季節ならではの旬の野菜を使って、季節感を楽しみたい。外食ではなかなか体験できないことでもある。そんな季節の野菜の例としては、「菜の花」「タケノコ」「アスパラ」「ウド」「キノコ類」などが挙げられるだろう。

旬の素材の味わいに合わせてスパイス使いを微調整する、というのもカレー作りが楽しくなる要素の一つである。普段からカレーを作っていれば、レシピなどなくても「なんとなくこうすれば良いかな？」というポイントがある程度見えるようになるはずだ。家庭料理なので、それが美味しいと感じられればそれで良いのである。

5-5　普段の食事なら、ナンよりチャパティがお勧め

特に日本で顕著だというが、インド料理屋に行くと「ナン」がよく食べられている。しかし、ナンはタンドール（土窯《つちがま》）がないと、本来の味わいにすることはできない。また、日本では、牛の舌（変な喩えだが）のような形が普通と思われているようだが、そんな形のナンはインドではあまり見かけないという。インドでは、ナンはあまり食べないし、食

べるとしても丸い場合が多いのだそうだ。

北インドは小麦文化圏なのでナンなどのパン、南インドは米文化圏なのでライス（長粒米やバスマティ米という細かくしたビーフンのような米）という大雑把な括りもあるようだが、最もポピュラーなインドの主食としては「チャパティ」が挙げられるのではないだろうか。

チャパティは、全粒粉（インドではアタという）を使った薄いパンで、他の国の料理でいうと、形状としてはクレープやトルティーヤに近い。ナンは生地を発酵させなくてはならないが、チャパティの場合は発酵工程は不要だ。ナンは高温のタンドールで焼かないと美味しくできないが、チャパティは家庭のフライパンで簡単に焼ける。

「6―2　健康食としてのインドカレー」で触れている「デザイナーフーズ」においても、全粒粉は上位に位置している。その全粒粉と少量の塩と水だけで作るのがチャパティであり、手軽で美味しく、ヘルシーなのだ。実際、野菜のドライなカレー（サブジ）や豆のカレーなどを挟んだり巻いたりして食べると、全粒粉の味わいとカレーがよく合って美味しいと思う。何より、腹が膨れすぎることがないのが良い。巨大なナンだと、カレー以前にナンだけで腹が一杯になってしまう（ような気がする）。

もちろん、ナンが好き、という人はいるだろうし、腕の良い料理人が作った焼きたてのナンは美味しいと思うが、チャパティを見かけること自体が少ないので、食わず嫌いというか、ナンしか知らないまま無批判にナンばかり食べている、端からチャパティは目に入っていない、というのはちょっと悲しい状況ではないか、とも思うのである。

ハリオム氏のブログに絶妙な解説があるので、ちょっと引用しておこう。

日本に暮らしている皆さんは、もしや「インド人は、毎日ナンを食べている」「インドの主食はナンである」と思っていませんか？　実は違うんです。ナンは、皆さんご存知の通り、タンドールオーブン（土釜）で焼きます。タンドールオーブンは、インドの家庭にはありません。ですから、インドでも日本同様、ナンは「テイクアウトするもの」あるいは「レストランで食べるもの」なのです。それでは、家庭では普段何を食べているのかといえば、チャパティかライスを食べています。

ライスは日本と違い、「炊飯器にセットすれば出来上がり」ではないんです。どちらかといえば「パスタをゆでる」感じに近いので、調理している間はその場を離れることができず、大量のお湯を準備したりなど、主婦の間では「面倒」と思われています。

そのため、特に北インドでは主食としてはチャパティが用意されることが多いのです。チャパティとは、全粒粉（アタ：ふすまの部分も一緒に粉にした小麦粉）を水と塩で練った生地を、丸めてからめん棒で薄くのばし、専用の鉄板で焼いた、インドの薄焼きパンです。（中略）インドは日本に比べて核家族化は進んでいないので、世帯の人数が多いです。ですから主婦は、1回の食事につき、30枚くらいのチャパティを作ります。

チャパティの生地に、スパイスで味付けした、カリフラワー、ジャガイモなどを包み込んで丸くして、それをめん棒で薄くのばして焼くパラタと呼ばれる味つきチャパティもあります。これは子ども達には大人気です。（中略）

ところで、ナンのあの独特の形ですが、あれって（私の知る限りでは）日本限定だってご存知ですか？　実は、インドでもパキスタンでもナンは丸い形なんですよ。これ、日本に来てビックリしたことの一つなんですけど、日本ではどこのレストランでも、あの形ですよね。スーパーで売っている、パックになっているナンでさえも、あの形ですよね。

そうは言っても、インド家庭料理ラニでもナンはあの形です。「郷に入ったら郷に従え」ということで。

それでは、ハリオム氏のブログの内容を中心にチャパティの作り方を見ていこう。「チャパティに赤唐辛子のアチャール（インド式の漬けもの）をはさんで食べるのがインド流」（ハリオム氏）だそうだ。

チャパティの生地を油で揚げたのが「プーリ」という揚げパンである。揚げ物だけに揚げ油の鮮度には気をつけたいが、プーリもカレーによってはとても相性が良いパンだ。北インドでは、朝食でジャガイモのカレー（第2章　シンプルな「アルジラ」に見る基本中の基本）とプーリの「アルプリ」が定番中の定番なのだという。

［材料］
・アタ（全粒粉）　500g
・水　350cc
・塩　10cc（小さじ2）

チャパティを焼いているところ

まず、アタに塩と水と加え、手早く混ぜ合わせる。少し練りながらさらに生地をまとめていき、生地がしっとりとまとまったら、そのままラップをかけて30分ほど生地を馴染ませる。

生地を小分けにして丸め、めん棒で薄く伸ばす。伸ばした後のサイズから、生地を小分けにする単位を決めると良いだろう。

フライパン（鉄製が良い）に油を引かないで、薄く伸ばした生地の両面を多少の焦げ目が付くくらいまで焼く。上手くなってくると、焼いている最中にパンが球状に膨らむようになる。

同様にナンの作り方も見ていこう。ハリオム氏のナンの作り方を見ると、材料も作り方も焼くのも、チャパティよりはるかに手間がかかり、インドの家庭にはタンドールがないというだけでなく、チャパティの方が手軽で作りやすいことがよく分かる。
ナンの生地を油で揚げたパンが「バトゥラ」だ。インドでは豆のカレーと一緒に食べることが多いという。

［材料］
・強力粉　500g
・サラダ油　大さじ2（30cc）
・打ち粉　適量
材料A
・塩　大さじ1（15cc）
・砂糖　50g
・重曹　小さじ1／2（2・5cc）
・ベーキングパウダー　大さじ1（15cc）
・牛乳　200cc

・卵　1個
・水　100cc
・プレーンヨーグルト　50g

まず、「材料A」を泡立て器でよく混ぜ合わせる。そこに強力粉を混ぜ入れ、ひとまとまりになったら、サラダ油を加えよくこねる。この段階でいったんラップをかけて室温で最低2時間くらい発酵させる（1回目の発酵）。夏であれば2時間で良いが、冬の場合は暖房の入った部屋で3〜4時間発酵させる。

1回目の発酵が済んだら、生地を6等分から8等分に分けて丸く成型し、ラップをかけ最低30分、できれば1時間くらい発酵させる（2回目の発酵）。

2回目の発酵が済んだら、打ち粉をして生地を均等な厚みに伸ばし、オーブンで焼く。ナンを焼く場合は、オーブンを使った方が良い。オーブントースターでは、火力が不十分で美味しいナンを焼くことはできない。ラニのインド料理教室でも、家庭用の電気オーブンで焼いているという。

そこでよくある質問が「オーブントースターじゃダメですか？」だという。ハリオム氏が実際に試してみたところ、見た目は上手くできた風なれど、ナンとしては全然ダメだったという。生地の薄い部分は煎餅のようにパリパリで、ちょっと厚い部分は微妙に生っぽい感じだったのだ。

焼く前に生地を伸ばすときのコツは、「あのナンの形」にこだわると均等に伸ばすことができないので、インドでも定番の丸い形にすることをお勧めする。丸めて二次発酵させた生地を手のひらで上から押して分厚い円形にし、さらにその生地を手のひらか10本の指の腹で少しずつ押して、均等に広げていく。めん棒は使わない。めん棒で伸ばしてしまうと、生地の中の空気が逃げてしまって、ふっくらと仕上がらないからだ。

タンドールの温度は300〜500℃にもなるので、ナンは1分半から2分半くらいで焼き上がる。しかし、家庭用の電気オーブンはタンドールほど温度が高くないので、焼き上がるまでに時間がかかる。その分、水分が飛ぶことになるので、やはりタンドールの高温短時間で焼いたナンに比べると、ちょっと食感が異なることは否めないだろう。

まず、オーブンを天板とともに、そのオーブンの最も高い温度に予熱する（多くの場合、300℃くらい?）。予熱完了後、オーブンの温度が下がらないよう素早く天板に伸ばした生地を乗せ、中段で最高温度で焼く。天板が大きくて2枚が重ならずに乗るようなら2枚同時に焼いても良い。加熱時間はオーブンの温度にもよるが、5〜8分くらい。全体が膨らんできて表面に美味しそうな焦げ目が付けば焼き上がりだ。

オーブンがない場合は、ガスレンジの魚焼きグリルを使って焼くという手もある。魚焼きグリルは、オーブンよりも空間が小さいので予熱時間（8〜9分）も焼き時間（3〜4分）も電気オーブンより短くて済むようだ。手持ちの器具によって、ナンを焼くのに向いているのかどうか、所要時間などにバラツキがあるかもしれないが、試してみる価値はあるだろう。

味は自家製には劣るものの、業務用食材の店などに行くと、既に焼いて完成した状態の「冷凍ナン」が入手できる。電子レンジで1分くらい温めてふわっとさせてから、オーブントースターあるいは油を引かないフライパンなどで表面をパリッとさせると、そこそこ食べられる。冷凍品なので、日持ちするのも便利なところではある。

とはいえ、自家製のチャパティが上手く作れるようになったら、自家製ナンが上手くできたときはともかく、市販のナンよりもはるかにチャパティが好ましいことに気付くだろう。特にサブジ系のドライなインドカレーとチャパティとの相性は抜群だ。

［参考URL］

- インドの主食ってナンですか？　http://raani.org/faq/nan.htm
- 赤とうがらしのアチャール　http://blog.chefhariom.com/?eid=152490
- チャツネとアチャール　http://raani.org/faq/chutney.htm
- 北インドの朝食　http://blog.chefhariom.com/?eid=1218440
- チャパティの作り方　http://blog.chefhariom.com/?eid=155585
- チャパティの作り方（動画版）　http://blog.chefhariom.com/?eid=738487
- ナンのレシピ（ナンの作り方）　http://blog.chefhariom.com/?eid=1216795
- ナンの作り方に関する質疑応答まとめ　http://blog.chefhariom.com/?eid=1280599
- バトゥラ　http://blog.chefhariom.com/?eid=253889
- トースターでナンを焼いてみる　http://blog.chefhariom.com/?eid=1049820

5−6　サラッとしたインドカレーにはやはりライス

全粒粉で作るナンやチャパティも良いけれど、やはりカレーにはライス（ご飯）は不可欠ではないかと思う。特に、サラサラした汁気の多いカレーの場合にはライスだろう（ドライなカレーはチャパティの方が合うと思う）。

インドカレーの場合、日本のうるち米（ジャポニカ種）をちょっと固めに炊くほかに、アジアの長粒米（インディカ種）、インドの「バスマティ米」（長粒の香り米）などの選択肢がある。

うるち米や長粒米であれば、多くの人に馴染みがあると思うが、バスマティ米を食べたことがある人は少ないのではないだろうか。バスマティ米は、米というより、細かくしたビーフンのような感じで、炊くというよりは茹でる感じで調理する。インドカレー専用になるが、本格であることは確かなので、まずはネット通販などであまりたくさんではない量を買ってみて、試してみるのが良いだろう。ハリオム氏のブログに「バスマティ米の炊き方」として解説されている。

①バスマティ米を水で洗い、ゴミや汚れを洗い流す。
②30分程度水に浸す。
③なべに湯を沸かす。水の量は米の10〜20倍くらい。家庭のガスコンロの火力では1回に米200gまでが限界。水の量は2リットルくらい。
④沸騰したら、塩とバター少々を投入。最大限強火にし、沸騰しているなべの中に米を

入れる。なべの底に米が焦げ付かないように時々かきまぜる。

⑤茹で時間はコンロの火力や気温などによって左右されるが、だいたい10〜15分。米が茹で上がったらザルにとる。

バスマティ米も、茹で過ぎると「多すぎる水で炊いた日本のご飯」のようにベタベタになってしまう。どの時点で火を止めるのかがポイント。1分でも長く茹で過ぎてしまうと、全く違う仕上がりになってしまう。パラパラな絶妙の茹で具合（茹で時間）は経験から会得するしかない。調理法としてはとても簡単だが、最適な茹で具合の判断はプロでもなかなか難しい。

日本の米を使う場合であっても、そのまま白いご飯で食べる、クミンを効かせたジライスにする、ターメリックを効かせたターメリックライス（黄色いご飯）にする、などの方法がある。サフランライスというのもあるようだが、サフランは高価なのとインドでも一般的ではないようなので、サフランライスは省略する。そのあたりの事情は、ハリオム氏のブログに詳しい。一部を引用しておく。

よくお客様から「サフランライスないですか？」「こちらのご飯はサフランライスですか？」とのご質問があります。結論から先に申し上げると「ラニにはサフランライスはありません。」

インド家庭料理ラニでは、ご飯は日本の普通のお米を使っています。銘柄は「あきたこまち」です（笑）。「ジャポニカ種」ですね。ずんぐりしていて粘りの強い米です。インドでは、細長くて（長粒米）パサパサのお米「インディカ種」を食べています。（中略）どうしてインド家庭料理ラニでは本場のインディカ種のお米を出さないのかと言えば、ここは日本ですから日本のお米の方が手に入りやすいという理由はもちろんですが、なにより私自身が「日本のお米の方がおいしい」と思うからです。また、お客様もほとんどが日本人のお客様ですから、食べ慣れた日本のお米の方が、おいしくお食事していただけると考えているからです。

（中略）サフランライスと言えば、よくインド料理店さんで、お山の形になって出てくる黄色いご飯です。「サフラン」ライスという呼び名ですが、実際はその黄色い色の元は、ターメリックだったりする場合が多いと思います。私の経験では、インドではどこに行っても通常の食事として供される「サフランライス」にお目にかかったことがないんです。通常の日常生活ではない、お祝いの「ハレの日」にサフランライスのような色つきご飯を作ることがありますが、それ以外ではまず食べないです。日本でいう「お赤飯」のようなもので、この色つきご飯にはお祝いの意味がこめられています。でも、この色つきご飯はミティチャワル（ミティ＝甘い、チャワル＝ご飯）と呼ばれる甘いご飯なので、やはり日本のインド料理店で供される「黄色いサフランライス」とは趣を異にするものなのです。

ターメリックライスは、炊飯器でご飯を炊くときにターメリックを入れて炊くこともできるが、家庭の炊飯器は白いご飯を炊くことが多いので、ターメリックの色や香りが付かない方が良いと思う。

そこで今回は、ジラライスとターメリックライスの折衷案的なものを紹介する。インド料理屋で出てくる黄色いライス（ターメリックライス）にスパイス感を感じることはあまりないが、この作り方だと意外にスパイシーに仕上がって、カレーの味わいを引き立てると思う。一度に炊いた白いご飯のうち、必要な量だけをカレー用にアレンジできるのも良いところだ。

［材料］
・ご飯
・サラダ油
・クミンシード
・ターメリックのパウダー
・バター
・塩

まず、ご飯を普通よりちょっと固めに炊く。もちろん、ご飯の固さはお好みで良いが、あまり粘り気が出ない方がカレーには合うと思う。

サラダ油にクミンシードを熱して、香ばしくなってきたらターメリック（市販のカレー粉でも良い）と塩少々を加えて、焦げないように気を付けながら全体を馴染ませる。最後に無塩バターをひと欠け投入する。有塩バターなら塩は省略する。

ジラライス

バターが融け切る寸前に温かいご飯を投入して、炒飯の要領で鍋を振ったりして全体を馴染ませる。これで、インドカレーによく合うスパイシーなライスが完成する。

サラダ油やバターの量は、ご飯の量による。あまり全体が脂っぽくならない程度の控えめな量にする方が良いだろう。ポイントは、バターの後入れだ。最初からバターを融かし始めると、クミンの香りが出る頃にはバターが焦げ臭くなって風味が悪くなってしまう。

ここでは、ターメリックとクミンを両方使ったが、どちらかだけでも良いだろう。ターメリックを入れないと黄色くならないが、クミンの風味だけでも十分である。

このようにしてカレー向けに作ったライスは（あるいは白米でも）、150～200g程度に小分けにしてラップで包み、粗熱を取ってから冷凍すると良い。市販のパックご飯の場合、小盛りが150g、普通が200g、大盛りが300gというものが多いが、食べる量を勘案して好みの量でラップする。

冷凍しておいたライスは、電子レンジ3分くらいでいつでもすぐに食べられるから、ちょっと多めに作って冷凍保存しておくととても便利だ。カレーの冷凍保存はお勧めしないが、ライスは問題ないと思う。

量にもよるが、そもそもご飯を炊く方がカレーを作るよりも時間がかかることが多いので、カレーがそろそろできる、というタイミングでライスを解凍するのはなかなか合理的でもある。

ライスを使ったインド料理では、「ビリヤニ」も覚えておきたいものの一つだ。ハリオム氏のブログに詳細なレシピではないものの、本格的なビリヤニの作り方が紹介されている。

①鍋のフタにチャパティの生地でシールをして、上に炭を置く。これで鍋の中はオーブン状態になる。
②下の熱源も炭にしたいところではあるものの、屋内なのでガスを使う。
③具と米を別々に調理する。
④具になる部分を下に置いて、その上に炊いた米を乗せる。
⑤その状態でオーブンで加熱する。炊き込みご飯のような感じで。
⑥十分に加熱したら、混ぜ合わせて完成。

ブログの中では、いくつもの種類のビリヤニが簡単ではあるがリンクされて紹介されている。作り方としては、上述の本格的なオーブン方式、炊き込みご飯方式、混ぜご飯方式、炒飯方式などがある。オーブン方式の場合、鍋の上に炭を置く代わりに鉄製などで蓋が付いた、いわゆる「ストーブ」を使ってオーブンで焼くなどしても良いだろう。ビリヤニを作るのであれば、バスマティ米で作りたいところだ。

［参考ＵＲＬ］
・バスマティ米の炊き方　http://raani.org/recipe/rice.htm

・サフランライスありますか?　http://raani.org/faq/rice.htm
・チキンビリヤニ　http://blog.chefhariom.com/?eid=1279548

第６章　「毎日カレー？」インドの家庭料理としてのカレーとは？

６―１　インドにおけるカレーの概念と日々の食

ハリオム氏は、「インドでは３食カレーを食べるんですか？」という質問をされることが多いという。それについての回答がブログの中にあるので引用しておこう。

はい、そうです。私たちインド人は、１年中、３食カレーを食べています（笑）。「毎日食べてて、飽きないの？」とよく聞かれます。「毎食カレー」といっても、インドのカレーは日本のカレーとはちょっと違いますので、毎日３食カレーライスという感じではありません。

日本の家庭で普通に食べられているカレーは、肉、ジャガイモ、ニンジン、玉ねぎが具で、市販のカレールーで作ることが多い、と聞いています。ご家庭によっては、チーズを入れたり、ソースを入れたり、コーヒー、醤油、チョコレート、はちみつ、りんごなどのいろいろな隠し味やお好みの具を加えたりすることもあるようです。それでも、どんなにバリエーションを工夫しても限度がありますよね。なにしろ味の決め手は「ルー」ですからね。

野菜炒めのような料理やいり玉子のような料理も、インドではおかずの一種に間違いありません。インドではそれをカレーとは言いませんが、(中略)日本ではそれもcurryの一種と、とらえられているようで、そのあたりがかなり微妙です。

もともと「カレー」という言葉から想像する料理のバリエーション、つまりは「カレーの定義」がちょっと違うのかもしれません。日本のインド料理店で、また当店でも「カレー」として提供されている料理の中にも、インド人的に言ったら「コレはカレーとは呼ばない。」というものもあります。でも、その話をはじめるとディープすぎて、たぶん理解不能に陥るので、ちょっとおいておきましょう。ともかく厳密にインド人的に言えば「毎食カレーではない」のです。

インドでは、料理(カレー)に使う食材も様々です。日本と比べて、特に多いのが豆の種類ですね。インドの家庭で豆カレーは、人気のメニューです。食材はもちろんのこと、インドには数多くのスパイスがありますので、同じ食材を使った料理でも、様々なスパイスの組み合わせで、たくさんの種類の味を作ることができます。だから毎食カレーでも、飽きることがないのです。

そういう意味では、カレーという言葉を使わず、インド人は毎食「スパイス料理」を食べている、と考えていただければわかりやすいかなと思います。

また、インド人の食生活は宗教と切り離して考えることができません。例えば、ヒンドゥ教には様々な行事(お祭り)があり、肉を食べてはいけない日などがあります。もともとベジタリアンの人も多いのです。また、インドは国土が広いですが、気候としては暑い場所が多いです。そのような文化や、風土の中からうまれたのがインドのスパイス料理なのです。

和食には、醤油や味噌、あるいは出汁の類が不可欠であるように、インド料理ではスパイスの存在がインド料理であることを主張、あるいは担保している。

和食なら、鶏肉を甘辛く煮たり、下味を付けて唐揚げにしたり、水炊きにしてポン酢で食べたりするだろう。サバなら、シメサバ、味噌煮、塩焼き、竜田揚げなどにするだろう。同じ素材であっても、料理の仕方次第で毎日食べても飽きるということはない。

これとインド料理のタンドリーチキンやチキンカレーなどは相似なのだ。蕪の入ったキーマカレーに至っては、蕪の鶏そぼろ餡とそっくりだ。

それでもスパイス使いには、やはり多少のハードルがあるだろう。しかし、日本人であっても、慣れてくると素材や好みに合わせたスパイス使いが可能になるし、基本からの応用が利くようにもなる。スパイスを前面に出すだけではなく、隠し味的に使うことも可能だ。

そのためには、例えば基本のカレーベース（「4—1　トマトで作るカレーベース」を参照）や第2章で紹介した「アルジラ」などを何回か作ってみて経験値を上げていくことが大事なステップになる。それも、レシピを正確になぞるだけではなくて、自分なりの仮説を立ててそれを確認していくという作業を繰り返すことで、何をどう変えるとどうなるか、ということが見えてくるようになる。

この本では、これまでのところは詳細なレシピにはあまり触れていないが、そういった理由もある。どんなにレシピと同じと思われる素材を使って、同じように作ったとしても、しょせんは作った人の味になるのである。

さらに、家庭料理であるならば、「インド料理だ」「カレーだ」「スパイスを効かせなければ」などとあまり肩肘張った固定的な考えではなく、味付けの素材の一つとしてスパイスを候補にする、というくらいのユルさがあって良いとも思う。鰻に山椒、タケノコには木の芽、などと同じような話なのである。

ハリオム氏のブログには、さまざまな「スパイス料理」がアップされている。その中から「なるほど、これなら毎日スパイスを使ったインド的な料理でOKかも」と思えるようなものをごく一部ではあるが紹介していこう。素材を自由に選んで、好みの味に仕上げるのが楽しくなりそうな料理ばかりだと思う。

・マサラポテト

フライドポテトをスパイシーに味付けしたもの。ビールが進む一品だ。このとき、スパイスは何をどのくらい、などということをあまり気にしてはいけない。ポテトの分量にもよるし、自分の好みに仕上げれば良いのである。もちろん、ジャガイモなのでクミンは使いたいところだが、ガラムマサラにはクミンがけっこう入っているので、塩少々とガラムマサラだけというのも良いだろう。

・サラダ

ラニのグランドメニューには、刻んだチキンティッカが入った体が目覚めるような「インディアン・スパイシーサラダ」というサラダもあるが、野菜だけのサラダもある。ドレッシングは、自家製のサウザンアイランド・ドレッシングの場合が多く、辛いということはない。もちろん、スパイシーなサラダもある。キュウリ、ニンジン、大根、玉ねぎ、ピーマンなどをサイコロに切ってスパイシーに仕上げた、生の野菜の歯ごたえが楽しめるサラダだ。

・チキンティッカとタンドリーチキン

どちらも鶏肉にヨーグルトとスパイスで下味を付けてタンドール（土窯）で焼いたものだが、チキンティッカは骨なし、タンドリーチキンは骨付きを指す。家庭だと普通はタンドールはないので、オーブンかフライパン（インドではタワという鉄製のフライパンを使うという）で焼くことになるだろう。

・チキンマライティッカ

タンドールで焼いたチキンなので、タンドリーチキンのバリエーションだが、チキンを焼く前にマリネする液に違いがある。チキンマライティッカの「マライ」とは、牛乳を温めたときにその表面に現れる「膜」のこと。この膜とヨーグルト、スパイスなどの

ナスのサブジ

マリネ液に漬け込んだ、骨なしのチキンを焼いたのがチキンマライティッカだ。柔らかい仕上がりが特徴だ。

・チリチキン

　これはもう、中華の辣子鶏《ラーズーチー》（鶏の辛子炒め）に非常に近い。下味を付けて揚げた鶏肉を野菜とともにスパイシーに味付けして炒めたものだ。

・野菜のサブジ（ドライな炒め物）

　サブジは、インドの惣菜の定番中の定番だと思う。大根の葉だったり、オクラやゴーヤだったり、あるいはナスやカボチャ、ジャガイモ、カリフラワーなど、カレーのメイン素材でもある野菜を汁気を少なくして炒めたものだ。

・ライタ
ヨーグルトと野菜のスパイシーな冷たい料理。野菜や果物など入れる素材によってバリエーションがあるが、基本的にお好みの材料で作って良いと思う。

・パコラ
インドの天ぷらといっても良いだろう。野菜のパコラもあれば、エビのパコラなどもある。天ぷら同様、素材を選ばないのがパコラなのである。天ぷらとちょっと違うのは、衣にスパイシーな味付けをする、ということだろう。パコラにミントチャツネをちょっと付けて食べるととても美味しい。

・インド風スクランブルエッグ
インドの朝食の定番がエッグブジヤ（エッグポリヤルなどともいう）である。野菜の入ったスパイシーなスクランブルエッグという趣で、これも自分の好みの味にすると楽しいだろう。ジャガイモとクミンを入れてオムレツ風に固めたりすると、スパニッシュオムレツのインド風といった感じにもなる。

［参考URL］
・インドでは3食カレーを食べるんですか？　http://raani.org/faq/

- 体が目覚める気がするインドのスパイシーサラダ　http://eatingpoor.blog101.fc2.com/blog-entry-3228.html
- タンドーリチキン　http://blog.chefhariom.com/?eid=231507
- ハリオム氏がタワで焼いた様々な料理　http://blog.chefhariom.com/?cid=58165
- チリチキン　http://blog.chefhariom.com/?eid=261833
- 秋なすとしめじのサブジ　http://blog.chefhariom.com/?eid=162739
- ジャガイモとナスのサブジ　http://blog.chefhariom.com/?eid=1279644
- ハリオム氏のサブジの数々　http://blog.chefhariom.com/?cid=58168
- 野菜ライタ　http://blog.chefhariom.com/?eid=1279868
- エビパコラ　http://blog.chefhariom.com/?eid=1279771
- 野菜パコラ　http://blog.chefhariom.com/?eid=271976
- ミントチャツネ　http://blog.chefhariom.com/?eid=1279769

6−2　健康食としてのインドカレー

ちょっと我田引水的な趣もあるかもしれないが、「健康食」という観点からインドカレーを考えてみたい。実際、自分で作ったカレーを日常的に食べていると体調が良い、特に胃もたれしない、お通じが良いなど、消化器方面が快調であることを実感している（若い頃はたまに体調が悪いが、年を取るとたまに体調が良い、という話もあれど）。

自分で作るインドカレーは、これまで紹介してきたレシピを見ても分かるように、市販のカレールーなどは一切使わないので、得体の知れない添加物の類はまったく入っていない。肉や野菜といった材料にしても、産地を選んだり、なるべく地元で穫れたものを使うなど、自分なりに工夫することができる。さらに、肉っ気が一切なくても成立するのがインドカレーである。

例えば、田邊の場合は、御殿場周辺の養鶏場の鶏肉を使ったり、トマトなどの野菜類は箱根や伊豆など周辺の農産物をなるべく使うようにしている。ジャガイモや玉ねぎなどは、生まれ育った北海道のものを選ぶことも多い。

スパイスについても、ターメリックは漢方薬としても使われるウコンだし、カイエンペッパーの辛味成分であるカプサイシンは代謝を促進する（摂り過ぎは消化器への刺激が強過ぎて良くないらしいが）。ターメリック以外にも、薬効成分が含まれるスパイスはいろいろある。とはいえ、スパイスの効能や成分については、世の中に優れた解説がたくさんあるし、ハリオム氏のブログでも「スパイス」というエントリーで多数紹介しているので、ここではこれ以上は触れないことにする。

自然の素材、地産地消、スパイスの効能というだけでも、安心・安全な食への第一歩だと思うのだが、さらに「デザイナーフーズ」という考え方があることを知って意を強くしている。

デザイナーフーズというのは、1990年代に米国の国立ガン研究センターで調査・研究が行われて提唱されたガン予防を意識した食の概念だ。ピラミッド状に食材が分類されており、ピラミッドの上に行くほど、ガン予防効果が高いという。現在では目立った活動は見られないようだが、提唱した機関から考えても「トンデモ系」ではないだろう。

この食材ピラミッドを見ると、最上位にニンニクやショウガが位置しており、その次の階層には玉ねぎ、ターメリック、全粒粉、トマト、ナス、ピーマン、カリフラワーなどが並んでいる。

もう、お分かりだろう。これらの食材は、インドカレーでは非常によく使われるものばかりなのである。ニンニク、ショウガ、玉ねぎ、トマト、ターメリックは、基本となるカレーベース（「4―1　トマトで作るカレーベース」を参照）の主たる材料だ。全粒粉で作る薄いパンが「チャパティ」(「5―5　普段の食事なら、ナンよりチャパティがお勧め」を参照)だし、ナス、ピーマン、カリフラワーなどは、カレーの具材としてとてもよく使う素材だ。

ちょっと古い資料ではあるが、「固形癌の地域・人種差」という調査が実施されており、日本に比べてインドの方が明らかにガンの罹患率が低いという結果が出ている。もっとも、病気はガンだけではないし、インドが長寿国として有名かと言われるとそうでもないと思うので、あくまで固形癌だけの話ではあるが。

安心・安全、ガン予防(になるらしい)に加えて、別の観点として「塩分」を挙げておきたい。食事において、カロリーとともに気を付けるべきものが塩分だと思うが、この点でもインドカレーはとても健康的だ。素材の味とスパイスによって十分に美味しくできるので、必要以上に塩気に頼らなくても良いからだ。

例えば、田邊が普段作っているキーマカレー(鶏胸肉のひき肉のカレー)は、ひき肉500gに対して、トマト2個、玉ねぎ1個、ニンニクとショウガを適量、あとは少量のサラダ油とスパイス、塩と水だけで作る。でき上がりのカレーは全部で1600gくらいになって、約8食分に相当する(市販のレトルトカレーは1食200gというものが多い)。

実は、この分量で使う塩の量は約10gに過ぎないのだ。つまり、1食当たりの塩分は、

8食に分けるとして約1・25gである。

高血圧などで塩分制限をしていると、塩は1日8gまで(これは、特に外食やコンビニが中心の食生活だとかなり達成が難しい数値目標だ)とされる場合が多いはずだが、この数字から考えても、上述のキーマカレーがいかに体に優しいかが分かると思う。しかも鶏ひき肉は、脂肪分の少ない胸肉を皮を外して使っている。チキンカレーの場合も、皮を取った胸肉を使っている。

ちなみに、市販のレトルトカレーの塩分を調べてみたことがある。レトルトカレーを食べるたびに1食分のカロリー(どれも200gから220gの間でほぼ同じ量)と塩の量を確認していたのだ。これはカレーだけのカロリーであって、これにご飯200gだと約300kcalが加算される。ちょっと前のデータなのと、既に販売されていない商品もあるので銘柄は伏せるが、明らかに安いものほど塩気がキツいという傾向があった。

・A社のカレー(170kcal、3・1g)
・B社のカレー(277kcal、2・3g)
・C社のカリー　チキン(233kcal、1・9g)

・C社のカリー　ビーフ（326kcal、2・3g）
・D社のカレー1（178kcal、3・6g）
・D社のカレー2（194kcal、2・3g）
・E社のインド風チキンカレー（152kcal、2・8g）
・F社のポークカレー1（256kcal、2・3g）
・F社のポークカレー2（252kcal、2・5g）
・F社のポークカレー3（184kcal、2・7g）

とはいえ実際には、塩分だけを問題にしていてもしょうがない、ということもいえる。

先日、某Webサイトで「安い外食チェーンの食事は塩分が多い」という至極当たり前のことを延々と書いている記事を見てしまったのだが、本質的なことはそこにはなくて、外食やコンビニが中心の食生活で1日8g以下の塩分で、なんてことをやっていたら、そもそも体に必要な次に挙げるような大事な栄養素が圧倒的に不足するのだ。

・カロリー
・たんぱく質
・脂質

・炭水化物
・食物繊維

これらの主要な栄養素が、たかが塩分という単一指標だけのために圧倒的に足りなくなってしまい、活動したり、自然治癒で傷を治したり、抵抗力を維持したり、といったことに影響を及ぼしてしまう。最近は熱中症で搬送される人が増えているようだが、これは暑さが厳しくなっているのと同時に、塩分を気にしすぎて薄味のモノばかり食べているために、塩分を含んだ汗をたくさんかいて暑さに耐える、という体の力が結果的に殺《そ》がれているということもあるのではないかとも思っている（完全に推測ではあるが）。

理想的な食事は、己の体質を知って、それに合わせた食事を全部自分で作る、ではあるのだろうが、独り暮らしだったり仕事が忙しかったりすると、なかなかそうも行かない。そういう意味では、安心の食材で手軽に作ることができて健康的というインドカレー、特にハリオム氏が掲げている「インド家庭料理」というアプローチはとても理に適っていると思う。

家庭料理というだけに、毎日食べても飽きない、手軽に作れる（30分もかからないものが多い）、そしてでき立てが美味しいのである。日本的なカレーライスというよりは、和食における味噌や醬油に相当するものがスパイスなのであって、スパイスを使った「惣菜全般」と考えると分かりやすいだろう。例えば、キーマカレーとナスのサブジ（ドライなカレー）、ご飯かチャパティくらいで構成する食事であれば、料理研究家の土井善晴氏が提唱している「一汁一菜」にも相通じるシンプルさと家庭料理としての普遍性を備えた食事の形である、ということもいえるだろう。

田邊は店をやっていた頃には、開店前にその日に売るためのカレーを作っては、味の確認を兼ねて食べるようにしていた。これは自画自賛ではあれど、なかなか悪くないものであった。

［参考ＵＲＬ］

- インド人シェフのブログ「スパイス」 http://blog.chefhariom.com/?cid=24072
- 固形癌の地域・人種差 https://epi.ncc.go.jp/images/uploads/ajiki.pdf
- 私のご紹介するインド料理 http://blog.chefhariom.com/?eid=726768
- 「一汁一菜でよいという提案」 http://www.graphicsha.co.jp/detail.html?p=34247

第７章　「インド家庭料理」を身に付けるために必要なことは何か？

７－１　何度も自分で作ってみよう

この本で紹介しているインドカレーは「インド家庭料理」である。断じて宮廷料理などではないし、ホテルの料理でもないのだ。そのあたりについて、ハリオム氏が自身のブログで明快に語っているので、引用しておこう。

一口にインド料理と言っても本当に様々です。おおまかに言うと、北インドと南インドではちょっと食文化が違います。日本で言ったら、九州豚骨ラーメンと関東醤油ラーメンのような感じでしょうか。

インドでは、カレーの種類もたくさんあり、毎日３食カレーを食べています。また、同じ北インドの「チキンカレー」でもシェフによって作り方が違います。同じデリーでも、おとなりの「チキンカレー」とわが家の「チキンカレー」とでは作り方が違います。日本でも「味噌汁」の作り方はおそらく、おとなりとわが家とでは同じではないはず。

このページでは、できるだけ手間がかからず、短時間で、失敗が少なく、しかもおいしくできる「家庭の味」レシピをご紹介していきたいと思います。インドカレーは、手間のかかるものばかりではありません。インドの家庭では、日本の家庭同様、だいたい30分から1時間くらいで、晩御飯の準備をするのが普通です。毎日ものすごく手間のかかる料理を家庭で作っているわけではないのです。

インド家庭料理ラニではインド料理教室の講師を承っておりますが、料理教室ではシェフのデモも、生徒様の実習も、全く同じ材料で、全く同じ分量を使って作っています。でも、できあがったカレーは、どのテーブルも色や味が違ってできあがります。そして、やっぱりシェフがデモで作ったカレーが一番おいしかったりします。（自画自賛ですが、もしそうでなかったら私の25年間は何？　ってことになるわけでして）

何が違うんでしょうか？　おそらく些細な野菜の切り方の違いとか、些細なタイミングの問題なんだと思います。

このページを見に来てくださった方が、このページを見てカレーを作ってくれたとしたら、100人の方が作ったとしたら100通りのカレーができると思います。ともかくどうやったらおいしくできるのか？　一番の秘訣は、心を込めて作ることです！

この本では、ここまでレシピの詳細な記述はあまりしてこなかったが、このハリオム氏の基本的なスタンスを踏まえて、第9章でいくつかの「インド家庭料理」のレシピをより詳細に紹介する。あくまでも家庭料理であり、「日常的に手軽で美味しく、作って楽しい」を標榜するものだ。

しかし、「第1章　インドカレーについての大いなる誤解」でも触れたように「インドカレー」というものに対する見方やこれまでの思い込みが覆される内容もあり、さらにそこには、インドカレーの基本やセオリーがたくさん潜んでいる。これらを身に付けることで、幅広い応用が利くようになる。ぜひ、折を見て自分で作ってみていただきたい。「インドカレーは、でき立てが一番美味しい」ということも実感できるはずだ。

そう、自分で作ることこそが重要なのだ。そして何度か作っていると、レシピを見なくなっていることに気付くだろう。いわば「体が覚えた」という状態である。こうなると、自然に食材のアレンジやスパイスの量の調整ができるようになってくる。自分の好みの味に仕上げることができるようになる。

ただしこれは、経験を重ねることによる「身体知」というようなものなので、何回もトライすることなくして身に付くものではない。何度か作っているうちに、同じ材料であっても不思議なことに仕上がりが良くなっていることにも気付くだろう。「体験」を通じて得られる身体知こそが財産なのである（料理に限った話ではないと思うが）。同じレシピであっても、5回作れば5回目が一番美味しく（あるいは自分らしい味に）仕上がっているはずだ。

体が覚えると、レシピを見なくなるだけではない。スパイスの量なども、素材の量から判断して「目分量で適当に」というだけで済むようになっていくものだ。むしろ、レシピ通りの正確な分量ではあるけれど、レシピ作成者の意図したものになっているかどうかはよく分からない、という状態のものを作っているのであれば、それをいくら覚えても意味がないだろう。

料理やレシピというものは、いろいろなこと（例えば素材の相性や火の通し加減など）がいくつかの切り口で相互につながっている。そして、そこに本質が隠れている。単一の料理を単独で覚えるだけでは、その本質的なところにはまず辿り着けないだろう。

レシピ本やレシピサイトを見て1回だけ作るのでは、多少覚えたとしてもそれは身体知とはいえないし、レシピがなぜそうなっているのかを知らないと、そのレシピが指定する範囲を外れることもできない。すべてのレシピを詳細に暗記しなければならなくなってしまう。

中には、工夫ともいえない方便的な方法、あるいは奇抜とさえいえるようなやり方が、いかにも工夫したかのように書かれていたりすることもある。一見、便利そうだったり、有効な感じがしたりすることもある。しかし、そんなことをいくら覚えても、基本ではないので応用が利かないし、本質とは程遠いと思うのである。

ノウハウやティップス、なんとかハックなどと表現されるような内容をそのまま踏襲すれば、手軽に一発でそこそこの水準に到達できるのではないか？　もしそうなら、それで良いではないか？　という考え方もあるだろう。

しかしそこには、そこはかとない「貧乏くささ」（「貧乏」と「貧乏くさい」には、天と地ほどの開きがある：注1）が漂う。本来踏むべき手順をショートカットすることによる底の浅さと、その底の浅さを何かで隠蔽している感じ、あるいはショートカットすることをラッキーと思ってしまうと同時に、なんとなく「これは本来あるべき姿ではないのではないか?」と薄々気付いてしまっているが故の後ろめたい心根などが、とても貧乏くさいのだ。その貧乏くささが、その先への広がりや応用を阻害するように思う。まったくこれは、インド家庭料理に限らない話なのではあるが。

［参考URL］
・インド料理について　http://raani.org/recipe/recipe.htm

（注1）
貧乏と貧乏くささについては、田邊も運営に関わっている「42／54」というWebサイトの下記の2本を参考までに。
・(128) 星野リゾートはなぜ貧乏くさいか　https://42-54.jp/20180624001-2/
・(129) けっして貧乏ではないのに「貧乏くさい」という話　https://42-54.jp/20180727001-2/

7―2 スパイス使いのセオリーとローカルナレッジ

インドカレーは、スパイスが難しそう、あるいは揃えるのが大変、と思われる場合も多いかと思う。実際、巷《ちまた》のレシピ本などを見ても、似たようなカレーでもスパイスが全然違ったり、それにしか使わないようなものを指定していたりしていて、「こりゃ面倒だな」などと思ってしまうこともある。しかし、基本となるセオリーをいくつか覚えてしまえば、そんなに難しいものではない。

ハリオム氏は、最低限必要なスパイスについて、こう語っている。

「インド料理を作るにあたって、これだけは揃えたほうがいい、これだけは欠かせないというスパイスはなんですか?」というご質問をよくいただきます。

インド料理に使用するスパイス、本当に数え切れないくらいあるわけですが、ハリオム厳選の「最低限必要なスパイス」は以下の4種類です。この4種類の使いまわしで、本当にいろいろなお料理ができます。

ラニで開催しているインド料理教室も、ほぼこの4種類の使いまわしです。この4

種類にプラス、そのメニューに特有のスパイスが1種類か2種類追加されるというパターンが多いですね。

・クミンシード

・パプリカ

・ターメリック

・カイエンペッパー

（中略）スパイスは、船便で日本にやってくることが多いです。そのため、店頭に並んだ時点で古くなってしまっている場合もあります。インド家庭料理ラニでは新鮮で香り高いスパイスを直接インドから買い付けています。そして、スパイスは輸入後3カ月以上経過したものは使用していません。

日本茶は新茶がおいしいと言われていますよね。スパイスも同様で、新鮮な方がより香りも高く、味もいいのです。また、日本茶はリーズナブルなものから高級品まで、木の品種や産地、1本の木の中でもどこの部分の茶葉なのか、など数え切れないほどの種類があると思います。スパイスも同様で同じターメリックやパプリカでもたくさんの種類があります。その中から最適なものを選んで使用しています。

インド家庭料理ラニでは、パプリカ、ターメリック、カイエンペッパーなどの基本中の基本のスパイスはもちろんのこと、日本では手に入りにくい、薬草・香草（ハーブ）やアーユルヴェーダに使用するような珍しいスパイスなど、おおよそ40～50種類のスパイスを常備しています。例えば、乾燥させた赤唐辛子（鷹の爪）だけでも4種類以上あります。日本でも、おなじみのコショウや、マスタードなどの「粒」（種）のスパイスも数種類ずつ揃えています。その多種多様のスパイスを、カレーの種類により使い分けています。

スパイス保存容器

これを踏まえて、まずは、ホールスパイスとパウダースパイスの役割の違いを覚えておこう。ホールスパイスは、素材や作るカレーの狙いに合わせて選び、最初に油で熱してスパイスの香りを油に出して、カレー全体の土台にするために使う。

ジャガイモのカレーならクミンシード、ヨーグルト風味のチキンカレーならカルダモン(包丁で切れ目を入れておく)、サグカレーならカルダモンとシナモンスティックなどが代表的な例である。キーマカレーではブラウンマスタードシードを入れることもある。

こうして、スパイス風味になった油で玉ねぎやニンニク、ショウガ、トマトなどを炒めてカレーに仕上げていく。

一方のパウダースパイスは、カレーの風味を完成させ、辛さや味、見た目の色なども調整する。塩とともに、カレーの調味料として機能するのだ。

次に、スパイス使いはシンプルを良しとする、ということを肝に銘じよう。ハリオム氏も語っているように、基本のスパイスをベースに素材やカレーの個性に合わせて一つか二つくらいを追加する程度にしておこう。あまりたくさん使うと「第1章 インドカレーについての大いなる誤解」でも触れたように、結果的に全部同じ味になってしまいがちだ。素材の味わいよりもカレーの味が支配的になってしまったりもする。

そして、一番大事なのがスパイスの力強さ「スパイス力」だ。ハリオム氏が「3カ月以上経過したものは使用していない」と語っているように、スパイスはフレッシュで力強く香ることが重要だ。ラニのインド料理教室では、その日のお題で使ったスパイスを販売しているが、同じものが手元にあったとしても、これを使うのと手元のものを使うのとでは、まったく味わいが異なった仕上がりになるのに驚かされる。同じレシピで同じカレーを作っても、同じにならないのは、家庭のスパイスはスパイス力が弱い、というのも理由の一つである。

素材とスパイスの組み合わせにはセオリーがある。ジャガイモにはクミン、ナスにはアジョワン、魚にもアジョワン、ホウレンソウのカレーにはカスリメティ、カルダモン、シナモンスティックなど、挙げていくとキリがないが、このくらいの基本を押さえておくだけで、応用が利くようになるはずだ。

日本の食卓でいうと、家庭によって、目玉焼きになにをかけるかは違うと思う。醬油、ソース、塩コショウあたりだろう。天ぷらは、普通は天汁で食べるが、素材によっては塩やカレー粉が出てきたりする。また、家庭では天ぷらに醬油をかけたり、関西の一部ではソースをかけたりもするらしい。刺身ならマグロはワサビ、イワシやアジはショウガ、イカはショウガかワサビか迷うところ、白身の薄造りならポン酢にもみじおろし、鰻なら蒲焼きは山椒だが、白焼きはショウガ醬油かワサビ醬油か迷うところである。

インド家庭料理であっても、それと似たようなことはいくつもある。フライドポテトにどんなスパイスを使ってマサラポテトにするか、と考えても、ジャガイモだからクミンと塩気は欲しいとは思うが、こうでなければいけない、という決まりがあるわけではない。

相性が悪い組み合わせもある。例えばホウレンソウのカレー（サグ）とターメリックだ。ターメリックの色素によって、ホウレンソウの色が悪くなってしまうというのが最大の理由だが、ホウレンソウの独特のえぐ味とターメリックの味がケンカしてしまうという感じもある。

では、なぜジャガイモにはクミンなのだろうか？　これは、先に刺身を例にしたように、マグロの刺身にはワサビ、的な話なのだ。インドカレー的にはジャガイモにはクミン、なのである。他には、ナスにはアジョワン、羊なら独特の匂いがあるのでブラックカルダモンなどのちょっと強いスパイスを組み合わせる、などが定番だ。

例えば、ジャガイモにコリアンダーをメインスパイスとして組み合わせて、それが個人の好みでクミンより好きなのであれば、それはそれで良いだろう。また、含まれているものから考えてこの組み合わせが良いはずだ、と思っても、実際に美味しいかどうかは別問題だろうし、最終的には一人ひとりの好みや味覚の感性に委ねられる。

食文化として、その組み合わせが長きにわたって多くの人々に愛されてきた、素材の味わいをスポイルしない相性が良い組み合わせだと認知されてきた、ということだろう。

ショウガやワサビには毒消し作用がある、あるいはシュウ酸が多く含まれているホウレンソウはお浸しにするときにはカルシウム豊富なシラスなどをトッピングすると、消化するときにカルシウムがシュウ酸と化合してシュウ酸カルシウムになりシュウ酸の排出が促進される。このため、シュウ酸が原因の結石になりにくい、などというのは、かなり後付け的な理屈であって、昔の人の知恵、とはちょっと違うのではないだろうか。

ただし、こういうこともある。科学的な根拠はそれとして、食文化というのはその地の知恵「ローカルナレッジ」の結晶なのである。例えば、サバの刺身。福岡や長崎あたりでは、サバは生のまま刺身で食べる。一方で関東では、塩で締めてから酢に漬けるシメサバが中心だ。これは、海域によってサバの餌が異なるので、サバに寄生しているアニサキスの性質が異なるからなのだ。

九州のサバのアニサキスは、内臓寄生が多くサバの死後も筋肉に移動する割合が低いという。逆に関東のサバは、筋肉寄生が多い。海域によってアニサキスの種類が違うことに由来するのだ。これを昔の人は、体感的に知っていたのだろうと思われる。だからこそ、その地の食文化として、サバの食べ方が地域によって刺身とシメサバに分かれるのだろう（シメサバにしたからといってアニサキスが完全に死ぬわけではないとはいえ）。

人間は、

・食べたことがないものは食べない人

・食べたことがないものを食べてみる人

の2種類に分かれる。

前者によって人は生き延びてきた、しかし、後者によって多くの犠牲を伴いながらも食を広げてきた、と思うのだ。そして、両者の食の営みの中でローカルナレッジが確立されてきたのではないだろうか。

最近では「サーモン」などといって、輸入物の鮭を生で食べるようになったが、かつての北海道では鮭は生ではなくルイベ（冷凍してから半解凍したもの）で食べるのが普通だった。これは、アニサキスがマイナス20℃以下で24時間以上経過すると死ぬからなのだが、こんなことは先人たちは知る由もなく、真冬の北海道でカチカチに凍った鮭を融《と》かしてそのまま食べても中《あた》らないのに、獲ったばかりの新鮮な鮭を生で食べると中る、という経験に裏打ちされたローカルナレッジがあったのだと思うのである。

［参考ＵＲＬ］

- スパイス　http://blog.chefhariom.com/?cid=24072
- インドのスパイス　http://raani.org/accessary/spice.htm
- インド料理でよく使うスパイス　http://blog.chefhariom.com/?eid=832896
- わが国におけるアニサキス症とアニサキス属幼線虫（ＰＤＦ）　http://www.tokyo-eiken.go.jp/assets/issue/journal/2011/pdf/01-01.pdf

7−3　ある程度できるようになってからインド料理教室へ

この本では、田邊が師匠のハリオム氏から提示されたものを、自分なりに考えてなるべく分かりやすく表現しようとしている。

ハリオム氏は、メニューにはないさまざまなカレー（「まかない」だったりもする）を出してくれたり、インド料理教室でコツを伝授してくれたりした。Ｗｅｂサイトで公開しているレシピやブログの内容、お店での普段の会話などが、とても勉強になった。またあるときは、飯を食いに行ったら厨房に招き入れてくれて、カレーベースの作り方を直伝してもらったりもした。

特に、自分でカレーを作るようになってからの料理教室では、詳しく説明されなくても、なぜそうなっているのか、なぜそうしているのか、などが手に取るように分かるようになっていて、まさに「一を聞いて十を知る」という状態に至ったのは発見だった。自分で作っていないと、同じレッスンを受けても見えてこないことがたくさんある、ということがよく分かった。

すべては体験の上に成り立っていることであり、その体験を通じて見えてきたことがたくさんあったからなのだ。そして、その体験に照らし合わせるからこそ、新しいことを自分のものとして吸収することができる。もちろん、同じ体験をしても、人によって何を感じるかは違うだろう。しかし、そこで自分が感じたことを大事にして、ハリオム氏が提示する「インド家庭料理」を自分なりに作ってみることこそが、お金を払っていろいろと食べ歩くこと（それが好きな人もいるだろうが）よりも、もっと「楽しいこと」ではないかと思っているのである。

第9章では「絶対に失敗しない」というコンセプトでレシピを紹介するのだが、自分で何度も作ってみることが、そのレシピの内容や方向性を理解するうえで大事なことなのである。レシピの章に行く前に、第8章でインドカレーを調理するための道具の話をしておきたい。

［参考URL］

・インド料理教室 http://raani.org/school/school.htm

第8章　インドカレー作りにあると便利な道具たち

インドカレーを作るのに不可欠、あるいはあると便利な調理器具や道具について見て行こう。インドカレーではあっても、特に専用の道具などがあるわけではないので、こんなことを意識して選ぶと良いのではないか、という程度の内容である。包丁とまな板については、使い慣れたものであれば何でも良いと思うので省略する。

①鍋

「基本のカレーベース」（「4—1　トマトで作るカレーベース」を参照）で1単位ともいえる分量を紹介したが、この分量のカレーベースを作るのに最適なサイズの鍋を少なくとも1つは用意しておこう。材質は問わないしテフロン加工でもアルミでも何でも良いのだが、鍋の厚みがあまり薄いと焦げやすいので、少し肉厚のものが良い。

一番よく使うのは、直径20㎝くらいの片手鍋で、カレーベースはもちろん、アルジラもキーマカレーも、全部これで作っている。ガス台（家庭用）との相性も良く、沸騰させるにも火の通りに無駄がなくてちょうど良い。開口面積があまり大きいと、水分の蒸発量が多い、嵩（水位）が稼げないので素材が十分にカレーベースに浸らない、といった弊害もある。

一度にたくさん作るときには、二回りくらい大きな鍋を使うが、量を増やすと火力との兼ね合いなどで味が安定しないこともあるので（修行が足りないとも言える）、せいぜい2倍量くらいまでにしている。例えばイベントなどで、たくさん売れるかもしれない、などというときには、さらに大きな鍋で作ることはせず、二つの鍋で並行して作ったりもする。

一方で、カレーベースに鶏肉を入れてチキンカレーとして仕上げるとき、あるいは作り置きのカレーを1人前あるいは2人前ずつ辛さを変えて仕上げる、といったときのための小鍋も不可欠だ。カレーの量が少なくても、開口面積が小さいものであれば十分に嵩が確保できるので、鶏肉などの素材がしっかりカレーベースに浸った状態で加熱することができる。

鍋の形状は、側面が垂直なタイプでも、雪平鍋のように多少の傾斜があるものでも良い。

ハリオム氏も雪平タイプの鍋をよく使っている。雪平タイプは、左右に注ぎ口が付いているのも良いところだ。特に小型の雪平鍋が一つあると、1人前のカレーを仕上げて、食器に盛りつけるときなどにとても使いやすい。

鍋で大事なことは、鍋のサイズに合った蓋（できれば透明の耐熱ガラス製が中身が見えるので良い）を用意しておくことだ。蓋がないと沸騰するまでに時間がかかるし、煮込むときの水分の蒸発量も多いからだ。初めから鍋と蓋がセットになったものでも良いし、前述の雪平鍋などのように鍋単体の場合は、開口部の直径に合った蓋を買ってくる、あるいは蓋のサイズに合わせて鍋を選ぶということになる。

②木べら

木製あるいは竹製のへらは、カレー専用のものをぜひ1本用意したい。スパイスの香りが付いてしまうので、和食やトマトソースなどを作るためのへらとは別に1本用意して、使い分けたい。

なぜ、木製か竹製が良いかというと、鍋底への当たりがソフトなのと全体にしっかりした剛性感があるからだ。トマトを潰しながら炒めるなどのときに、安心して鍋底に当てて潰したり、こすりつけながら炒められるので、とても使いやすいのだ。中華鍋と中華お玉のように、鉄と鉄をゴリゴリとこすり合わせるというのとはちょっと違って、鍋の素材や形状を選ばないのが木べらなのである。

木べらは、合成樹脂製などよりも熱に強いのも良いところだ。また、木べらさえあれば、シリコンゴムなどでできた、いわゆる「ケチべら」がなくても、ほぼ問題なく鍋底までキレイにすることができる。これは、インドカレーには油脂の類がほとんど入っていないので、とてもサラッとしており、多くの場合、鍋を傾けるだけでほぼ全部が容器に移ってしまうからでもある。

③フードプロセッサとミキサー

ニンニクやショウガをみじん切りにするときに、「フードプロセッサ」があるととても効率が上がる。側面から目視で粒度を確認しながら粉砕していけるので、ニンニクは細かく、ショウガはちょっと粗めに、などということも簡単に調整できる。

もちろん、包丁で刻んでも良いのだが、なるべく細かくしたいときやたくさん作るとき、あるいは複数のカレーを作るときなどには、どうしてもニンニクとショウガを刻むのがボトルネックになりがちだ。玉ねぎやトマトなど、他にも刻まなければならないものはいろいろあるのだ。

また、急いでみじん切りにしていて指先を切ってしまうなどのリスクはなるべく小さくしておきたい、ということもあるので、フードプロセッサを使うのは決して手抜きではないと思う。ほとんどニンニクとショウガにしか使わないので、使用後に洗う手間は大したことはない。

「サグカレー」（ホウレンソウのカレー。「4―2　「サグ」とは何か？」を参照）を作るときに茹でたホウレンソウや菜の花をペースト状にするために「ミキサー」があった方が良い。カレーベースのトマトも、粗みじんの状態で炒め始めるのではなくて、あらかじめペースト状にしておくこともできる。茹でたホウレンソウやトマトなどにしか使わないので、使い終わったミキサーを洗うのも楽である。

ヨーグルトと青唐辛子とスパイス、そこに市販のフライドオニオンをコク出しとして入れてミキサーでペーストにする、などということもあるが、しょっちゅう作るわけではないちょっと変わったカレーの場合である。

まずはフードプロセッサとミキサーをどちらか、という場合は、フードプロセッサを先

スパイス・ミル

に用意すべきだろう。分量にもよるが、フードプロセッサでも茹でたホウレンソウをある程度のペースト状にすることはできるし、サグカレーに入れるホウレンソウは完全なペーストである必要もない。

④スパイス・ミル

ホールスパイスを潰すために使う金属製（石でできたものもある）の「臼《うす》」と「擂粉木《すりこぎ》」だ。平らな小型バットの上にホールスパイスを撒いて、上からスパイスの瓶の頭など固くて平らなものでゴリゴリやっても結果としては大差ないのではあるが、やはり気分が違う。これもスパイスの香りが付くので、和食の「当たり鉢」などは流用せずに、インドカレーのスパイス専用のものを一つ用意しておく。

⑤グラインダー

自家製の「ガラムマサラ」（「4―3　「ガラムマサラ」とは何なのか？」を参照）を作るときに不可欠なのが、電動の「グラインダー」だ。これを使って、乾煎りしたホールスパイスを粉砕する。乾燥させたショウガ、シナモンスティック、ビッグカルダモンなど、かなり固いものも一緒に粉砕するので、ある程度のパワーがあった方が良い。

計量機器

コーヒー豆を挽くためのグラインダー（いわゆる電動ミル）を使っているが、これも香りが強烈なので、同じモデルではあるがスパイス粉砕専用のものを1台用意している。

コーヒー用は毎日のように豆を挽くのであまり気にしていないが、ガラムマサラはそこまで頻繁には作らないため、一度使ったら付属のブラシや濡らしたキッチンペーパーで内部をキレイにしてから乾燥させるなどして、清潔に保っておきたい。

⑥量を計るための道具（秤、計量スプーン、レードル

など）

素材の量を計るために必須なのが「秤」（クッキングスケールなどという）だ。1g単位で2kgくらいまで計れるものがあれば十分だろう。空の容器を乗せてゼロ調整し、中身だけを計れるものが便利だ。

「計量スプーン」は必須だ。15ccの大さじと5ccの小さじがあればほぼ事足りるだろう。2・5ccのときは5ccの半分、10ccのときは5ccを2回で済ませることができる。

水加減を調整するのに「計量カップ」もあると便利だが、容量が分かっているカップや空いたペットボトルなどで代用できるし、秤で200ccなら200gなどと計量する、という手もある。

レードル

カレーを分けたり盛りつけたりするときに使う「レードル」（お玉）も、いくつか用意しておきたい。1人前のカレーは200g前後なので、200ccのレードルがあると良い。あとは、まだ水で伸ばしていない濃厚なカレーベースを規定の量で揃える小さなレードルがあると便利だ。レードルは、金属製だとテフロン加工の鍋の底を傷つける可能性もあるので、樹脂製のものを用意しておくと鍋底を気にせずにカレーをかき混ぜたり、器に注ぎ込んだりできるのが良い。

⑦鉄のフライパン

チャパティ（5―5　普段の食事なら、ナンよりチャパティがお勧め　を参照）を焼くのには、「鉄のフライパン」が一番良い。油を引かずに焼くのでテフロン加工などだとカラ焼きになってしまって、フライパンがすぐに駄目になる。あとは、タンドール（土窯）がない状況で（普通の家にはないだろう）フライパンでインド風のバーベキュー・チキンなどを作るときにも鉄のフライパンがよいだろう。サイズは、チャパティのサイズをどうするかで決めるとよい。18㎝から大きくても25㎝くらいだろうか。

⑧その他にあると便利な道具、カレー専用でなくても良いもの

「めん棒」は、前述の鉄のフライパンでチャパティを焼く前にチャパティの生地を伸ばすのに不可欠ではあるが、チャパティ自体に強い香りはないので、厨房に1本あればそれを使い回せば良いだろう。

「ピーラー」（皮剝き）もあると便利だ。ジャガイモ、ニンジン、蕪などの皮を剝くのに包丁を使うよりも早いし、手を切るリスクも減らせる。これもスパイスの香りが付いたりするわけではないので、他の料理でも使うものをそのまま使えば良い。

⑨カレーやスパイスを保存する容器

カレーを保存するための何らかの「ストッカー」があると良い。でき上がったカレーやカレーベースは、ストッカーに移して水を張ったシンクなどで急冷してから冷蔵庫に入れる。素材や形状は何でも良いが、水をかけながら冷やしたりするので、蓋があることが必須の条件だ。

カレーは鍋のまま冷やしても良いが、いずれにしても冷蔵庫に入れるときにはストッカーに移しておきたい。洗ってキレイにしておかないと鍋が傷みやすいなどの理由もあるが、何より次のものを作る鍋が不足するのが一番困るからだ。

スパイスのストッカーもあると良いだろう。特にこれといったものはないが、密閉できるねじ込み式の蓋がついたガラス瓶などを使うと、香りが飛ばないし中身が見えるので、間違えたりすることがなくて良い（145ページの写真を参照）。

もっとも、家庭の場合、そうそう大量にスパイスを消費するわけではないので、少しずつ買ってきては、そのパッケージのまま使い切る、くらいに考えておいても問題ないだろ

小鍋

中鍋

大鍋

う。用意するとすれば、ガラムマサラの主な構成要素であるクミンシードとコリアンダーシードの2種類を入れるための容器くらいで十分ではないか。その他は、小瓶や缶で売っているもので良いと思う。チャック式の袋に入っているような場合は、使い終わった他のスパイスの瓶を洗って保管しておいてそれに詰めると良い。

スパイスの小瓶のリサイクルは、自家製ガラムマサラを持って歩く（どこで作ってもフレッシュな香り、自分の好みのオリジナルの香りが楽しめる）、仕上げにカイエンペッパーをちょっと振る、などというときにもとても便利である。

なお、缶に入ったスパイスの場合、付属の合成樹脂の半透明のかぶせ式の蓋は密閉性が良くないので、缶にラップを二重にかぶせてから蓋をすると多少は密閉性が向上する。いずれにしても、カレーを1回作るのに使うスパイスの量は、最も基本となる3種類のスパイスでは、パプリカが30cc、ターメリック15cc、カイエンペッパー5cc程度なので、それを勘案して各々を数回で使い切る、というくらいの分量で買ってくるのが良いだろう。

一度にたくさん買えば単価は安くなるかもしれないが、少しずつ買ってもびっくりするほど高価なものではないので、家庭での開封後の保存期間を短くするようにした方が、鮮烈なスパイスの香りをより楽しめる。

［参考URL］

・2倍量で作ったらおいしくなかった　http://blog.chefhariom.com/?eid=1212470

第９章　絶対に失敗しないインドカレーの作り方

９―１　ひよこ豆のカレー

詳しいレシピを紹介するに当たっては、「絶対に失敗しない」というコンセプトで基本がよく分かるようなカレーの作り方を紹介していきたいと考えている。まずは「ひよこ豆のカレー」である（「５―１　豆のカレーと野菜のカレーこそが真髄」を参照）。

豆のカレーの一番のポイントは、前日から豆を一晩水に浸しておかなければならない点だろう。思いついてすぐに作る、というわけにはいかないのである。複数の豆を使う場合は、各々の豆に最適な火の通り加減があるので、あらかじめじっくり時間をかけて茹でなければならない、などということもある。今回は、豆はひよこ豆だけということにして、シンプルに作ってみたい。

［材料］

・ひよこ豆200ｇ（スーパーなどで売っている乾燥ひよこ豆1パック）
・トマト2個（約400ｇ）
・玉ねぎ1個（約200ｇ）
・ニンニク30ｇ
・ショウガ30ｇ
・ホールスパイス
　コリアンダー10cc
　クミン10cc
・パウダースパイス
　パプリカ30cc
　ターメリック10cc
　カイエンペッパー5cc（辛いのが好きなら10ccに、苦手なら2・5ccに）
・ガラムマサラ5cc

・塩15cc（豆を茹でるのに10cc、カレーの味付けに5cc）
・サラダオイル30cc（鍋の底面積に応じて多少の増減はOK）
・水1リットル
・トッピング（お好みで）
　ピーマンの輪切り
　ショウガの千切り
　生クリーム
　バター
※スパイスの量は、あくまで目安である。これを基本にしつつ、辛さや塩気なども含めて、自分の好みの味を探していこう。

①水に浸しておいた豆を茹でる
　まず、前日に豆をたっぷりの水に浸しておく。翌日、水を吸った豆をザルにとって水を切ってから、1リットルの水に10ccの塩を加えて茹でる。25分から30分間くらい茹でる。

②豆を茹でている間にカレーベースを作る。まずは材料を準備

ホールスパイス2種類をスパイス・ミルなどで潰しておく。コリアンダーとクミンでは粒状が異なるので、別々に潰した方がやりやすい。

トマトは粗みじんに、玉ねぎはみじん切りにする。ニンニクとショウガは、細かいみじん切りにする。すりおろしてペースト状にしても良いが、いずれにしてもショウガの方を少し粗めにする。

パウダースパイスは、先に計量してまとめて小皿などに揃えておくと、後で入れるときにスムースに進む。

③ホールスパイスの香りを出してから玉ねぎを炒める

鍋にサラダオイルを熱して、ホールスパイスの香りを出す。弱火でじっくり熱する。プチプチといい始めてクミンのまわりが泡立って香りが出てきたら、ニンニクを入れて炒める。

焦げないように注意しながら炒め、ニンニクが軽くきつね色に色付いてきたら、玉ねぎを入れて火を強める。もう、焦げる心配はない。

それまで入っていたスパイスとニンニクに玉ねぎをさっと馴染ませたら、ショウガ

を加えてさらに炒める。

④トマトを加えてペースト状にしてパウダースパイスを加える

玉ねぎが透き通ってきたら（4―4　玉ねぎは茶色になるまで炒めないとダメなのか？を参照）、トマトを加えて木べらなどで潰しながらペースト状になるまで炒める。全体がペースト状になってきたら、パウダースパイスと塩5ccを全部一気に入れて、全体に行き渡らせつつよく炒め、スパイスに火を入れる。

全体的に滑らかなペースト状になる頃には、材料を刻んだりし始めてから、ちょうど30分くらい経過しているはずだ。

⑤茹でていた豆をカレーベースと合わせる

この時点で、茹でていた豆の固さを確認すると、ちょうど食べ頃になっているはずだ。固すぎると思ったら、もう少し茹でる。

茹で上がった豆を煮汁ごとすべてカレーベースに投入して混ぜ合わせる。かき混ぜながら数分煮込んで、最後にガラムマサラを振り入れて、塩気を確認すればでき上がりだ。塩気がキツ過ぎることはないと思うが、万一、キツかったら水か牛乳を少し足して調整する。足りないと思ったら、少しずつ塩を足して好みの味に調える。

⑥お好みで仕上げのトッピングを

トッピングはお好みだが、でき上がり直前にピーマンを輪切りにしたものを投入して、ちょっと火が入ったタイミングで盛りつけると、緑がキレイだし、歯ごたえが残ったちょっと苦いピーマンの味わいが豆のカレーによく合って美味しいと思う。ショウガの千切りは、カレーベースにも入っているショウガの爽やかな香りをより強調してくれる。バターをひと欠け、あるいは生クリームを少し回しかけても良いだろう。マイルドなコクが出るし、見た目がプロっぽくなる。

こうして作ったひよこ豆のカレーは、豆を煮汁ごと入れるので豆の味わいがよく分かるカレーに仕上がる。カレーベースに豆が入っているというのではなく、あくまで「豆のカレー」になっているはずだ。ライスでもチャパティでも美味しく食べられる。さらに、豆とトマトの味わいのカレーベースとの相性が良いこと、スパイス感がしっかりしていることにも気付くだろう。最初に香りを出したホールスパイスが効いている。

豆のカレーは、材料を見ても分かるように、完全ベジタブルでヘルシーだ。とはいえ肉っ気が欲しい、というときには、多少の方便感もあるが、この豆のカレーができ上がる直

ひよこ豆のカレー

前に鶏胸肉を加えて「豆とチキンのカレー」にするのもお勧めだ。鶏胸肉に火を入れ過ぎないのが最大のポイントだ。豆だけのカレーも味わい深いものだけれど、鶏を加えたこのカレーもとても美味しいと思う。鶏の味が足りないときは、チキンコンソメを少し足すと良い。宗教的に問題のない日本人であれば、粗挽きのソーセージを斜め切りにして投入しても良いだろう。

さらに応用編として、ひよこ豆と大根のカレーを挙げておこう。これも、とても簡単に作ることができる。豆を茹でるときに1〜1・5センチ角程度（お好みのサイズでOKだが、大きいと味が沁み込むのに時間がかかるので、あまり大きくしない方が良いだろう）のサイコロに切った大根を一緒に入れるだけだ。茹で上がった大根と豆を煮汁ごとカレーベースに投入する。大根にカレーの味が沁みるくらいまで煮込んで、でき上がりだ。味が沁みたおでんのような感じで大根の甘みを味わうことができるし、豆との食感の違いも楽しい。大根が入ったカレーには、ショウガの千切りが合うと思う。

スーパーに行くと、サラダビーンズなどという商品名で、紫色のキドニービーンズなど数種類の豆をサラダ用に茹でて、そのまま食べられるようにしたものが売っている。これをひよこ豆のカレーに追加すると、複数の豆のカレーにすることもできる。これも、多少の方便感はあるものの、豆の食感は揃っているし、手軽に見た目を華やかにできる。違った豆の味わいを楽しむことができるので悪くないと思う。

最後に豆のカレーの良いところをもう一つ。それは、冷凍保存が可能ということだ。茹でた豆の食感は、ジャガイモなどと違って冷凍してもあまり変わらないからだ。もちろんスパイス感は劣化するので、解凍して温めるときにガラムマサラを追加で投入すると良いだろう。

［参考ＵＲＬ］

- ひよこ豆とチキンのカレー　http://raani.org/recipe/chana.htm

9―2　キーマカレー（鶏ひき肉）

インドカレーの本質的なところがよく表れているのが「キーマカレー」である。キーマとはひき肉のことを意味する。普通は鶏ひき肉で作る。鶏ひき肉といえば、通常は胸肉を挽いたものである（5―2　チキンカレーで使うべきは鶏のどの部位か？　を参照）。

キーマカレーの一番のポイントは、パウダースパイスは3種類だけ、というシンプルなスパイス使いだろう。それだけに、トマトベースのカレーソースと鶏肉の相性の良さも分かるし、さっぱりとしたクセのない味わいなので、スパイスの役割もよく分かる。豆のカレー同様に、いろいろと応用が利くのもキーマカレーを覚えるメリットだ。そして、失敗することはまずない。

［材料］
・鶏ひき肉500g
・トマト2個（約400g）
・玉ねぎ1個（約200g）

・ニンニク30g
・ショウガ30g
・パウダースパイス
　パプリカ30cc
　ターメリック15cc
　カイエンペッパー5cc（辛いのが好きなら10ccに、苦手なら2・5ccに）
・ガラムマサラ5cc
・塩10cc
・サラダオイル30cc（鍋の底面積に応じて多少の増減はOK）
・水600cc
・トッピング（お好みで）
　ショウガの千切り
　生クリーム
　ミニトマトの縦割り
　ホウレンソウの千切り

キーマカレーの材料

青ねぎの小口切り
パクチー（香菜）

※スパイスの量は、あくまで目安である。これを基本にしつつ、辛さや塩気なども含めて、自分の好みの味を探していこう。

①材料を用意する

鶏肉は、胸肉を店頭で1回挽きにしてもらう。自分でフードプロセッサでひき肉にしても良い。その場合、皮や余計な脂肪は取り除いた方が良い。モモ肉でも良いが（多少濃厚な味わいになる）、これも皮と脂肪は丁寧に取り除こう。

トマトは粗みじんに、玉ねぎは細かめのみじん切り、ニンニクとショウガはなるべく細かいみじん切りにする。粒度はショウガの方を少し粗めにする。フードプロセッサを使うと楽である。

パウダースパイスと塩は、先に計量してまとめて小皿などに揃えておくと、後で入れるときにスムースに進む（前ページの写真の右端）。

②カレーベースを作る

鍋にサラダオイルを熱して、まずはニンニクのみじん切りを弱火でじっくり加熱する。ニンニクがうっすらきつね色になってきたら、玉ねぎを入れて火を強める。ニンニクに玉ねぎをさっと馴染ませたら、ショウガを加えてさらに炒める。

玉ねぎが透き通ってきたら、トマトを加えて潰しながらペースト状になるまで炒める。

③パウダースパイスで味を決める

全体がペースト状になってきたら、パウダースパイスと塩を全部入れて、全体に行き渡らせつつよく炒めて、スパイスに火を入れる。全体的に滑らかなペースト状になるまでかき混ぜつつ加熱する。

慣れると、まだ水を入れないこの段階で味が決められるようになるが、最初のうちは、後述する水を加えた後に味を確認するということで問題はない。

④鶏ひき肉をカレーベースに馴染ませる

ペースト状になったカレーベースに鶏ひき肉を投入し、ひき肉がダマにならないように全体を木べらなどでかき混ぜながら加熱する。カレーベースが鶏ひき肉と馴染んで全体が均一なそぼろ状態になってきたら、水を加える。水は、冷水だと、特に1回に全部入れてしまうと、鍋の中がいったん冷えてしまって再沸騰に時間がかかるので、給湯器の温度で良いのでお湯を2回か3回に分けて加えると良い。

そのまま強火でかき混ぜながら15分くらい煮込む。あくまで強火がポイントだ。火力が弱いと、全体が十分に乳化せず油が分離したようになってしまう。透明感のある出汁を取りたい、などの場合と違って、ここではアクを気にする必要はない。アクが消えてきた頃ができ上がりの目安となる。

⑤仕上げと塩気の確認

アクがなくなってきたら、仕上げのガラムマサラを振り入れて、最後に塩気を確認する。塩気がキツいと感じたら、水か牛乳を少しずつ入れて調整する。逆に薄味に過ぎると感じたら、塩を少しずつ足していく。

⑥トッピングはお好みで

トッピングはお好みだし、なくても良いくらいだが、ミニトマトを縦割りにして乗せるとトマトベースのカレーによく合うし、赤い色がアクセントにもなる。緑が欲しい場合は、ホウレンソウの千切り、青ねぎの小口切り、パクチー（香菜）などを過剰にならない程度に乗せる。

ショウガの千切りは、カレーベースにも入っているショウガの爽やかな香りをより強調してくれる。生クリームを少し回しかけても良いだろう。マイルドなコクが出る。

こうして作ったキーマカレーは、シンプルなスパイス使いだけに、鶏肉とトマトの味わいとショウガの爽やかさがよく分かるものになっているだろう。サラッとしていてさっぱり食べられるこのカレーは、インドカレーがカレールーを使ういわゆる「カレーライス」とはまったく異なるものだ、ということをリアルに教えてくれる存在だと思う。

キーマカレーは、応用範囲の広いカレーだ。トマトベース（4—1　トマトで作るカレーベース　を参照）、サグベース（4—2　「サグ」とは何か？　を参照）と並ぶカレーベースの一つといっても過言ではないだろう。例えば、キーマカレーにひと口大に切った鶏胸肉を追加したダブルチキンのカレー（ガラムマサラを多めにしてスパイス感強めで）は、ちょっと贅沢な感じがするカレーだ。

普段よく作るのは、キーマカレーに野菜を何か1種類追加したカレーだ。キーマカレーに追加する代表的な野菜にナスがある。皮は剝かずに食べやすい大きさに切ったナスを炒めるか素揚げにする。8割くらい火が通ったら、キーマカレーに入れて数分煮込んで馴染ませるだけである。

炒める場合は、まずサラダ油にアジョワンシードを熱して香りを出してからナスを炒めると良い。ナスとアジョワンは、ジャガイモとクミン同様、インドカレーの食材とスパイスの組み合わせの中でも間違いのない組み合わせの一つなのである。こうすることで、カレー全体にはアジョワンは行き渡らないが、ナスのまわりにはアジョワンが感じられる、という状態にすることができる。

オクラもお勧めだ。1センチ幅くらいに切ったオクラをキーマカレーに投入して、オクラに火が入ったらでき上がり。色もキレイだし、何より美味しい。ナスとオクラくらいなら、両方入れてもカレーのテーマがよく分からなくなることもないだろう。

ジャガイモもキーマカレーによく合う食材だ。最初から入れる前提であるなら、前述の手順の最初の段階でニンニクを炒める前に、サラダ油にクミンシードの香りを出しておく（第2章　シンプルな「アルジラ」に見る基本中の基本　を参照）。ジャガイモは、皮を剝いて食べやすい大きさに切っておき、鶏ひき肉とカレーベースを馴染ませるあたりで投入する。ジャガイモに火が通るまで煮込めば完成だ。

ジャガイモを後で入れる場合は、キーマカレーが煮詰まってしまったりするのは避けたいので、あらかじめ電子レンジなどでジャガイモを加熱してから投入するのが良いだろう。味の沁み込み具合は少なくなるが、ほくほくとしたイモの食感が楽しめる。

「9—1　ひよこ豆のカレー」で触れた複数の豆が入ったサラダビーンズも悪くない。単に投入するだけで、温まればそれで良い。ひき肉と豆の食感の違いを楽しめるし、豆の味もよく分かる。

最後に一番のお勧めを紹介しておこう。それは「蕪」だ（5—4　ひと味違ったカレーに「蕪」はいかが？　を参照）。皮を剝いて縦8等分くらいのくし型に切った蕪をキーマカレーに投入してしばらく煮込むと、蕪にはカレーの風味が、カレーには蕪の味わいが移って、とても美味しいカレーになる。先に紹介したナスやオクラなどの野菜の場合は、キーマカレーは依然としてキーマカレーという感じであるが、蕪の場合、カレーの表情がガラッと

キーマカレー

変わる。蕪と鶏ひき肉のカレーになるのだ。和食でいうと蕪の鶏そぼろ餡のような趣だ。蕪の葉を刻んで散らすと、緑がキレイだしさらに蕪の味わいが感じられるようになる。青菜にはカスリメティなのでカスリメティのパウダーをちょっと振り入れるとさらに風味が良くなる。

キーマカレーは冷凍保存が可能だ。1食分ずつ小分けにして冷凍保存しておくととても便利である。もちろんスパイス感は劣化するので、解凍して温めるときにガラムマサラを追加で投入する。冷凍しておいたキーマカレーをベースとして、別の食材と組み合わせたカレーにすると良いだろう。

［参考URL］

・キーマカレー　http://raani.org/recipe/keema.htm
・キーマカレーの作り方　http://blog.chefhariom.com/?eid=967565

9―3　チキンカレー（鶏胸肉）

鶏胸肉を使ったトマトベースの「チキンカレー」、それもでき立てのチキンカレーは、胸肉のふっくらとした食感とスパイスの味わいで、長時間煮込んだカレーとはまったくの別物であることがよく分かる（5―2　チキンカレーで使うべきは鶏のどの部位か？　を参照）。

このチキンカレーも、基本と言うべきカレーであって、パウダースパイスは3種類だけで十分である。さっぱりとしたクセのない味わいだし、豆のカレーやキーマカレー同様に、いろいろと応用が利くカレーでもある。これも、失敗することはまずない。

［材料］
・鶏肉600g
・玉ねぎ250g
・トマト300g

・ニンニク40g
・ショウガ50g
・サラダ油150cc
・水800cc
・パウダースパイス
　パプリカ45cc
　ターメリック20cc
　カイエンペッパー5cc
・ガラムマサラ5cc
・塩20cc
※スパイスの量は、あくまで目安である。これを基本にしつつ、辛さや塩気なども含めて、自分の好みの味を探していこう。

①材料を用意する
鶏肉は食べやすい大きさに切る。玉ねぎ、ニンニク、ショウガはみじん切りにする。

トマトは粗みじんに切る。ニンニクよりもショウガが少し多いのがポイントだ。また、みじん切りの細かさは、ニンニクよりショウガを少し粗くすると良いだろう。すりおろしても良いが、そのときもショウガはちょっと粗めにしておく。玉ねぎは、好みもあるだろうが、ショウガほど細かくする必要はない。

②カレーベースを作る

鍋を強火にかけサラダ油を熱し、ニンニクの香ばしい香りが出るまでよく炒める。ニンニクを炒めるのは重要な工程だ。生っぽくても美味しくないし、焦げてしまっては台無しだ。もし、焦がしてしまったら、もう一度やり直すべきだ。キレイなきつね色にするのがポイント。ニンニクが色付いたら、玉ねぎを加えて柔らかくなるまで炒める。飴色になるまで炒める必要はない。玉ねぎが透き通って柔らかくなってきたら、ショウガとトマトも加えて炒める。

③パウダースパイスで味を決める

全体がペースト状になってきたら、パウダースパイス（パプリカ、ターメリック、カイエンペッパー）と塩を全部一緒に入れてさらに炒める。後で水を加えるので、この段階では多少塩辛い状態である。

④鶏肉をカレーベースに馴染ませる

スパイスに火が入って全体が馴染んだら、鶏肉を加えて水分がなくなるまで焦がさないように注意して炒める。このときに鶏肉にカレーの味が入る。

⑤水を加えて煮込む

水分がなくなってきたら、水を加えて強火で蓋はせずに煮込む。アクを取る必要はない。

⑥仕上げと塩気の確認

アクがなくなってきた頃には、鶏肉にも火が入ってでき上がりのタイミングだ。塩気を確認して、火を止める直前にガラムマサラを加える。

以上で、フレッシュでふっくらと美味しいチキンカレーの完成だ。サラダ油の量が多いと思われるかもしれないが、インド料理としては少なめにしてある。まずはこの量で作ってみよう。肉の量が多いという場合は、肉を減らした分、他の材料も肉と同じ割合で減らすと良い。鶏肉を炒めるときに鶏肉に味が入り、水を加えて煮込むときにカレーに肉の味が出るが、そのバランスを考慮したレシピである。

煮込み段階以前の火加減は、焦がさないことが最も重要なので、初めての場合などは控えめな火加減にすると良いだろう。慣れてきたら中火でも大丈夫のはずだ。しかし、煮込みの際は「強火」にするのがポイントだ。火加減が弱いとカレーベースが十分に乳化せずに油分と水分が分離してしまうことがあるし、煮込み時間が長すぎると肉が固くなる。逆に短いと味の深みが不足する。何度かやっているうちにタイミングが見えてくるだろう。

こうして作ったチキンカレーは、シンプルなスパイス使いだけに、キーマカレー同様に鶏肉とトマトの味わいとショウガの爽やかさがよく分かるものになっているはずだ。

チキンカレーも、応用範囲が広い。トマトベース（4―1 トマトで作るカレーベースを参照）のカレーの一つの典型といえるものだろう。普段は、チキンカレーに何か一つ火が通りやすい野菜を追加することが多い。

ナスの場合だと、ナスは素揚げ、もしくはアジョワンシードを加えて香りを出したサラダ油で炒めて、ほぼ火が通った状態にしておいて、完成直前のチキンカレーと合わせる。ナスとチキンはよく合うし、ナスにはアジョワンの香りが付いているはずだ。他には、オクラ、ズッキーニ、マッシュルーム、キャベツ、蕪などが良い。蕪の場合は、最後にカスリメティのパウダーを少し入れると良いだろう。

［参考URL］

・チキンカレー　http://raani.org/recipe/chicken.htm

・ナスとチキンのカレー　http://raani.org/recipe/nasu.htm

9―4　サグチキンカレー（ホウレンソウと鶏胸肉）

4―2で「サグ」とは何か？　というタイトルでホウレンソウ（正確には菜の花）のカレーベースについて説明した。インドでは豆やジャガイモを使う完全ベジタブルなサグカレーが中心のようだが、日本で代表的なサグガレーである「サグチキンカレー」の詳細レシピを紹介する。

［ホウレンソウペーストの材料］

・ホウレンソウ700g

・塩5cc

・砂糖50g

・重曹5cc

・水 適量
・青唐辛子2〜3本

［カレーの材料］
・鶏胸肉500g
・玉ねぎ200g
・トマト200g
・ニンニク30g
・ショウガ30g
・サラダ油100cc
・牛乳400cc
・生クリーム100cc
・ホールスパイス
　フェヌグリーク5cc
　ベイリーフ1枚
・塩15cc

・パウダースパイス
　カスリメティ10cc
・ガラムマサラ5cc
※スパイスの量は、あくまで目安である。これを基本にしつつ、辛さや塩気なども含めて、自分の好みの味を探していこう。

①ホウレンソウのペーストを作る
　お湯を沸かして、塩、砂糖、重曹を入れ、ホウレンソウを茹でてザルに取る。重曹を入れるのは色を鮮やかにするためだ（入れなくても味としては問題ないが、冴えない色に仕上がる）。ホウレンソウは、洗って先端から茎にかけて3等分くらいにしておき、茎の固いところから茹でていく。ホウレンソウが茹で上がったら青唐辛子と一緒にミキサーにかけ、ペースト状にする。ミキサーが回りにくいときは少量の水を加える。青唐辛子がないときは、カイエンペッパーを5cc程度入れても良いだろう。
②カレーの材料を用意する
　鶏肉は食べやすい大きさに切る。玉ねぎ、ニンニク、トマトはみじん切り。ショウ

ガは千切りにする。

③カレーベースを作る

フェヌグリークとベイリーフ（好みでカルダモンを3粒程度入れても良い）をサラダ油で炒めて香りを出し、ニンニクがきつね色になるまで炒める。さらに、玉ねぎを加えて柔らかくなるまで炒める。玉ねぎが柔らかくなったら、塩、ホウレンソウ・ペーストを加えて、全体を馴染ませる。ホールスパイスの香りを出すところ、ニンニクをきつね色にするところで、焦がさないように注意することが大事だ。

④鶏肉に火を入れる

ホウレンソウ・ペーストの次に鶏肉を加えて、水分がなくなるまで焦げないように注意しながら加熱する。水分がなくなってきたら、トマトとショウガの千切りを加え、トマトが煮崩れて全体がペースト状になるまで混ぜながら煮込む。

⑤仕上げ

火を止めてから、牛乳、生クリーム、ガラムマサラ、カスリメティを加える。塩気を確認したら完成だ。

サグカレーは、緑の鮮やかさが大事なので、重曹を入れて茹でることとカレーベースのトマトが少なめなことがポイントだ。もう一つ、「カスリメティ」が入っていることも不可欠な要件だ。また、ターメリックは色が悪くなるので入れない（パプリカは入れる場合もあるが、これも赤いので少量にとどめる）。

サグチキンにも、マッシュルームや蕪、レンジで加熱したジャガイモなどを入れて変化を付けることができる。素材の相性を考えて、シンプルなケンカしない組み合わせを考えるのも楽しいものだ。

春先などであれば、ぜひ菜の花で作りたい。基本的な作り方は同じだ。菜の花を茹でる前に花の部分だけ切っておいて、それを完成直前に後入れすると、菜の花ペーストの中に最小限の加熱だけの花の部分がほろ苦さと存在感を主張してとても美味しいカレーとなる。

［参考URL］

・チキンサグ　http://blog.chefhariom.com/?eid=1281657

9−5　ヨーグルト・チキンカレー（鶏モモ肉）

ヨーグルトの酸味とフライドオニオンのコクで味わう「ヨーグルト・チキンカレー」の

詳細レシピを紹介する。ここでは鶏肉はモモ肉を使っている。カレーベースを作ってから最後に肉を入れるのであれば鶏胸肉なのだが、このカレーの場合は、肉に火を通す時間が長くなるので、胸肉だと固くなってしまって今一つだ。モモ肉はある程度煮込んでも、さほど固くならないし、ヨーグルトにしっかりと鶏の味わいが出る方が良い。

もう一つ、このカレーの特徴は、トマトと生の玉ねぎを使わず、市販のフライドオニオンを使うという点だろう。フライドオニオンがない場合は、玉ねぎを飴色になるまで炒めて代用しても良いだろう。

［材料］

- 鶏モモ肉500g
- ニンニクショウガ・ペースト45cc（ニンニク、ショウガ、水を各15g）
- フライドオニオン50g
- ヨーグルト200g
- 水200cc（ペースト用）
- 水500cc（煮込み用）

・サラダ油50cc
・ホールスパイス
　ベイリーフ2枚
　ブラックカルダモン1個
　カルダモン2個
・パウダースパイス
　パプリカ30cc
　ターメリック15cc
　カイエンペッパー5cc
　カスリメティ5cc
・ガラムマサラ5cc
・塩10cc
※スパイスの量は、あくまで目安である。これを基本にしつつ、辛さや塩気なども含めて、自分の好みの味を探していこう。

①材料の用意

鶏モモ肉は、皮と余計な黄色い脂肪を取ってから、食べやすい大きさに切る。同量のニンニクとショウガをすりおろして少し水で緩めて、ニンニクショウガ・ペーストを作っておく。

②ヨーグルトのペーストを作る

ヨーグルト、フライドオニオン、ペースト用の水200ccを全体が滑らかになるまでミキサーにかけてペーストにする。

③カレーベースを作る

熱したサラダ油にホールスパイスを入れて香りを出す。香りが立ってきたら、ニンニクショウガ・ペーストを加えて焦げつかないようにかき混ぜながら火を入れる。鶏肉を加えて香りの付いた油とニンニクショウガ・ペーストをよく馴染ませる。さらにパウダースパイスを加えて炒め、パウダースパイスに火を入れる。ここまでは、焦げると台無しなので、弱火で進める。

④ヨーグルトのペーストで煮込む

パウダースパイスに火が入ったら、作っておいたヨーグルトのペーストを加え、強火にして全体によく馴染ませる。

⑤水を加えて煮込む

強火のまま、煮込み用の水500ccを加えて煮込む。肉に火が通ったら完成だ。

このカレーは、最後に水を加えて煮込む前の段階、つまりヨーグルトのペーストを入れて全体を馴染ませたところで、作り置きしておくことができるのも特徴の一つだ。シンクに溜めた冷水に鍋を入れるなどして急冷して冷蔵庫で保存しておき、食べる直前に水を加えて煮込めばOKだ。また、多少スパイス感は弱くなるが、家庭の場合であれば冷凍保存しても良い。その場合は解凍してから水を加えて煮込み、最後にガラムマサラを加えると、フレッシュなスパイス感を出すことができる。ヨーグルトの酸味も穏やかになっているはずなので、レモン汁をちょっと足すと酸味がはっきりして美味しい。トッピングするなら、パクチーをお勧めする。

9―6　アルジラ（クミンとジャガイモ）

第2章で「アルジラ」の作り方をざっと紹介して、その中にインドカレーの基本中の基本がいくつも潜んでいることを説明したが、ここでは、分量も含めたアルジラの詳細なレシピを紹介する。完全ベジタブルなのに、とても風味豊かで厚みのあるカレーができ上がる。

［材料］

- ジャガイモ500g
- 玉ねぎ100g
- トマト200g
- ショウガ25g
- ニンニク20g
- シシトウ4本
- ホウレンソウ少々
- サラダ油50cc
- 水700cc
- ホールスパイス

　クミンシード15cc
・パウダースパイス
　パプリカ10cc
　ターメリック15cc
　カイエンペッパー2・5cc
　カスリメティ2・5cc
・塩10cc
・ガラムマサラ2・5cc
※スパイスの量は、あくまで目安である。これを基本にしつつ、辛さや塩気なども含めて、自分の好みの味を探していこう。

①材料を用意する
　ジャガイモは食べやすい大きさに切る。トマトは粗みじん。玉ねぎは半分に切ってスライスしたものをさらに半分に切る。ショウガはみじん切りにする。シシトウはスライス。ホウレンソウは細かく刻む。

②カレーベースを作る

鍋にサラダ油を熱し、クミンシードを香りが出るまで焦がさないように気を付けてよく炒める。香りが出たらニンニクとショウガを軽く炒め、さらに玉ねぎを加える。玉ねぎが柔らかくなるまで炒める。

③パウダースパイスで味を決める

玉ねぎが柔らかくなったら、パプリカ、ターメリック、カイエンペッパー、塩をすべて加え、すぐにトマトも加えて全体がペースト状になるまで炒める。

④ジャガイモをカレーベースに馴染ませてから煮込む

ペースト状になったカレーベースにジャガイモを加えて炒める。ジャガイモの外側が透明になってきたら水を加え、ジャガイモに火が通るまで煮込む。

⑤仕上げと塩気の確認

ジャガイモに火が通ったら、シシトウ、ホウレンソウを入れて2分ほど煮込み、火を止める直前にカスリメティとガラムマサラを加える。

カスリメティはとても香りのよいハーブだ。ただ、ホールはなかなか手に入りにくいかもしれない。その場合は、手に入りやすいパウダーを使う（材料のところでもパウダー前提とした）。パウダーもない場合は、ガラムマサラだけでも良いだろう。シシトウとホウレンソウは入れなくても良いが、入れた方が風味が豊かになる。

ジャガイモは、このレシピのようにサラッとした汁気の多いカレーにする場合は、煮崩れしにくいメークインが良い。逆にドライなカレー（粉吹きイモのインドカレー版）にしたいときは男爵だろう。第２章でも触れたが、煮込みの際に加える水の量と塩分を調整することで、ジャガイモの種類に応じたカレーにすることができる。

アルジラも、他の素材と合わせることでバリエーションを出せる。ニンジンであれば、ジャガイモと同時に鍋に投入する。このレシピでは、シシトウとホウレンソウを入れているが、ピーマンやカリフラワーでも美味しいカレーになる。カリフラワーの場合は、ちょっとドライに作ると良いだろう。また、アルジラをベースにして、複数の野菜をその野菜に応じた火の入れ方をして最後に合わせた野菜カレーも美味しい。

［参考ＵＲＬ］

・アルジラ　http://raani.org/recipe/potato.htm

9—7　ぶり大根

第3章で紹介した「ぶり大根」の詳細なレシピである。ぶりも大根も和の代表的な食材であり、同名の煮ものさえあるのだが、見事にインドカレーに化けるのが面白い。

［材料］

- ぶり500g
- 大根500g
- ニンニク5片
- ショウガ50g
- 玉ねぎ200g
- トマト200g
- マスタードオイル50cc
- レモン汁15cc
- 水1000cc

・ホールスパイス
クミンシード5cc
マスタードシード5cc
カロンジ5cc
フェヌグリーク5cc
カレーリーフ10枚
・パウダースパイス
パプリカ15cc
ターメリック15cc
カイエンペッパー2・5cc
・塩15cc
※スパイスの量は、あくまで目安である。これを基本にしつつ、辛さや塩気なども含めて、自分の好みの味を探していこう。

①材料の用意

ぶりは、刺身用のサクを食べやすい厚さにスライスして、全体にレモン汁を馴染ませておく。大根は厚めのいちょう切り、ニンニクとショウガはスライスしておく。玉ねぎは1㎝角くらいに刻む。トマトは粗みじんにする。

②ホールスパイスの香りを出す

鍋にマスタードオイルを熱してオイルの辛味を飛ばす。香りが出て来たら辛味も飛んだ頃である。火を弱めてホールスパイスを全部入れ、焦がさないようにオイルにスパイスの香りを出す。ホールスパイスの香りが出て来たら、ニンニクのスライスを投入して火を通す。ニンニクに火が通ったらショウガのスライスを加える。

③カレーベースにしていく

ショウガに軽く火が通ったら大根を投入して、全体に馴染ませる。さらに玉ねぎを投入して炒める。玉ねぎが透き通って柔らかくなってきたら、パウダースパイスと塩を投入して、スパイスに火を通しながら全体を馴染ませる。スパイスが全体に馴染んだタイミングでトマトを投入してざっくり混ぜながらカレーベースにしていく。

④煮込んで大根に火を通す

トマトが煮崩れてきたら（具の一つという位置づけなのでペースト状にする必要はな

い）、水を加えて大根に火が入るまで煮込む。

⑤ぶりにさっと火を通す

大根が好みの加減になったら、レモン汁を馴染ませておいたぶりを加える。ぶりに火が通ったら完成。

ぶり大根は、柔らかくなった大根と最後に加えたぶりの「煮え端」の美味しさを味わうカレーだ。ポイントは、ホールスパイスの穏やかな組み合わせ（入手困難なものもあるので、ない場合はクミンシード、マスタードシード以外は省略しても良いだろう）で魚の味わいをカレーで消してしまわないようにしていることだろう。また、辛味のあるマスタードオイルを使うのでカイエンペッパーの量は少し控えめになっている。マスタードオイルとマスタードシードの存在が、魚のカレーを食べる南インド風なのである。第3章でも触れたが、これを基本にぶり以外の魚でオリジナルのカレーを作るのも楽しいだろう。

9―8　マトンカレー

「5―3　羊のカレーに醍醐味あり」でも触れた「マトンカレー」の詳細レシピである。

マトンを使うレシピではあるが、ラムを使っても良い。ラムはマトンよりもクセが少ないので、前日に漬け込む際のスパイスを少し減らすと良いだろう。塊の肉を食べやすい大きさに切って使うのが一番良いが、ラムチョップの骨を外して使っても良いだろう。また、肉1kgは多いという場合は、500gにしてすべての材料を半分にする。

［前日に味付けするマトン］

- マトン1kg
- ニンニクショウガ・ペースト30cc
- 塩10cc
- カイエンペッパー5cc
- ターメリック5cc
- パプリカ5cc
- ガラムマサラ5cc

［カレーの材料］

・玉ねぎ500g
・トマト600g
・ニンニクショウガ・ペースト60cc
・サラダ油100cc
・水1000cc
・ホールスパイス
カルダモン3個
ブラックカルダモン1個
ベイリーフ1枚
シナモンスティック1本
メース1片
・パウダースパイス その1
カイエンペッパー10cc
ターメリック15cc
パプリカ45cc

・パウダースパイス その2
ガラムマサラ15cc
カスリメティ5cc
・塩15cc
※スパイスの量は、あくまで目安である。これを基本にしつつ、辛さや塩気なども含めて、自分の好みの味を探していこう。

①マトンの仕込み
前日に材料をすべて混ぜ合わせ、冷蔵庫で一晩寝かせる。ニンニクショウガ・ペーストは、同量のニンニクとショウガをすりおろして混ぜ合わせ、水を少し加えて緩める。ニンニク、ショウガ、水をミキサーにかけても良い。

②ホールスパイスの香りを出す
熱したサラダ油にホールスパイスを入れ、スパイスの香りを引き出す。カルダモンは包丁の先で切れ目を入れた方が良いだろう。シナモンスティックは、半分か3分の1程度にキッチン鋏などで切っておくと、香りがよく出る。

③カレーベースを作る

玉ねぎはみじん切り、トマトは粗みじんにしておく。ホールスパイスの香りが出たら、みじん切りの玉ねぎを加え透き通るまで炒める。玉ねぎが透き通ってきたらニンニクショウガ・ペーストを加えてよく炒める。トマトとパウダースパイス　その1を加えて、全体がペースト状になるまでよく混ぜながら炒める。

④マトンを煮込む

全体がペースト状になったらマトンを加えて、肉にカレーベースをよく馴染ませる。さらに水を加え、圧力鍋で25分程度煮込む。圧力鍋がないときは、蓋をして時々かき混ぜながら、肉が柔らかくなるまで煮込む。

⑤仕上げ

肉が柔らかくなったら、仕上げにガラムマサラとカスリメティを加える。

マトンは固いので、圧力鍋を使ったり煮込み時間を長くしたりするが、ラムの場合はそんなに時間をかける必要はない。マトンカレーのバリエーションとしては、肉の味が強いのであまり個性的なもの、あるいは繊細な味わいが持ち味のものと組み合わせるよりは、ジャガイモなどを入れるとボリューム感にもつながって良いだろう。

9—9　ラムチョップ・マサラ

ラムチョップとヨーグルトを組み合わせたカレーである。羊の肉の味わいとほのかな酸味が特徴だ。

［前日に味付けするラムチョップと材料］

- ラムチョップ6本
- ヨーグルト300g
- レモン汁30cc
- 塩5cc
- カイエンペッパー5cc
- パプリカ5cc
- ターメリック5cc
- ガラムマサラ10cc

［カレーの材料］
・玉ねぎ400g
・トマト300g
・ショウガ30g
・ニンニクショウガ・ペースト45cc（ニンニク、ショウガ、水を各15g）
・サラダ油50cc
・水100cc
・ホールスパイス
　カルダモン2個
　ブラックカルダモン1個
　ベイリーフ1枚
・パウダースパイス
　パプリカ30cc
　ターメリック15cc

カイエンペッパー5cc
・塩10cc
※スパイスの量は、あくまで目安である。これを基本にしつつ、辛さや塩気なども含めて、自分の好みの味を探していこう。
①ラムチョップの仕込み
前日に、ラムチョップ、ヨーグルト、レモン汁、塩、スパイスを混ぜ合わせて冷蔵庫で寝かせておく。
②材料の用意
玉ねぎはみじん切り、トマトは粗みじんにしておく。ニンニクショウガ・ペーストは、同量のニンニクとショウガをすりおろして混ぜ合わせ、水を加えて緩める。さらにみじん切りにしたショウガを用意する。
③カレーベースを作る
熱したサラダ油でホールスパイスの香りを出す。香りが出たら、玉ねぎを加える。玉ねぎが透き通って柔らかくなったら、ニンニクショウガ・ペースト、ショウガのみ

じん切りを加える。全体が馴染んで、みじん切りのショウガにだいたい火が入ったら、トマト、パウダースパイス、塩を加えてよく混ぜながら炒め、全体をペースト状にする。

④ラムチョップを煮込む

全体がペースト状になったら、ラムチョップをヨーグルトなど漬け汁ごと加える。水を加えて蓋をせずに時々かき混ぜながら40分以上煮込む。肉が柔らかくなったら完成。前日仕込みの漬け汁にガラムマサラがけっこう入っているが、最後、火を止める直前に5ccくらい投入して仕上げると香りがより立ってくる。

トッピングなどはお好みだが、盛り付けるときにパクチーをトッピングする、あるいは生クリームをちょっと回しかける、などすると見た目も味わいも良いだろう。

あとがき

この本は、横浜市都筑区の「インド家庭料理 ラニ」のオーナーシェフであるメヘラ・ハリオム氏と、同氏のカレーを食べて以来、インドカレーというものに対する見方がガラリと変わり、それ以降、同氏を師と仰ぐようになった田邊の共著という形で、家庭料理としてのインドカレーのセオリーについて考え、それを分かりやすく提示する試みである。

もちろん、いくつか代表的なカレーのレシピも掲載してあるが、いわゆるレシピを紹介することが目的なのではない。このレシピはなぜこうなっているのか、ということを理解することによって、レシピを見なくても、自分にとって美味しいインドカレーが作れるようになること、さらにそれを応用して、自分なりのカレーが作れるようになることを目指した。

なお、各種スパイスについての解説は、食材やスパイス、あるいはスパイス同士の組み合わせや相性を中心とし、スパイスの歴史や特性、効能などについては、他に優れた本がたくさんあるので、それらにお任せするというスタンスだ。

なお、本書では書き手については、「田邊」と「ハリオム氏」という表記で統一した。

インド家庭料理ラニ　http://raani.org/
〒224―0021
神奈川県横浜市都筑区北山田1―12―19
電話：045―534―6890

田邊は、富士山麓の十里木《じゅうりぎ》高原にあった「cafe TRAIL」で、ハリオム氏直伝のカレーを提供していたが、諸般の事情により2019年9月末で閉店した。今後も、インドカレーを日本の家庭料理に浸透させるための活動を続けていきたいと考えている。

この本は、「WirelessWire News」に連載したものを中心に再構成し、加筆をしたものである。インドカレーというものを自分で作って身に付けて、家庭料理の一部にしていただきたい、という想いで作った。

＊　＊　＊

それにしても、人生とは不思議なものである。システムエンジニアとして社会に出た田邊が、この歳になってこんな本を作ることになるとは想像もしなかった。これまで出会った多くの皆さんのおかげである。

本書の共著者であるメヘラ・ハリオム氏は、カレーについての認識を変えてくれただけでなく、自身が提供しているカレーやお店での会話、Ｗｅｂサイトの豊富なテキストなどを通じて、私にインドカレーというものをインストールしてくれた師匠であり恩人でもある。また、公開しているレシピを踏襲したカレーを私が自分の店で出すことを快諾してくれただけでなく、むしろ「インドカレー、出しちゃえよ！」と勧めてくれさえした。

この本の冒頭で書いた素晴らしいマティーニを体験をさせてくれたのは、横浜・日吉のバー「画亭瑠屋《カクテルヤ》」のマスターである長谷川一美《かずみ》さんである。長谷川さんには、酒のことはもちろん人生についても多くのことを教わった。長谷川さんのお店で出会った長尾清さんは、東日本大震災で被災した南相馬の子供たちを富士山麓に呼ぶキャンプを企画し、まだ店を始める前だった私を厨房の責任者に抜擢してくれた。2週間にわたって約50人分の食事を毎日3食作る、という貴重な経験をさせてもらった。いつでも全部キレイに食べてくれた子供たちが忘れられないし、この経験がなければ、自分で店をやろうなどとは思わなかっただろう。開店に際しても、長谷川さんと長尾さんにはとてもお世話になった。

富士山麓に店を出してからは御殿場に住んでいるのだが、そこで出会ったすべての皆さんに感謝したい。ホットドッグやカレーをイベントで売らないか、と誘ってくれたり、お店への「出前企画」でカレーなどを売らせてもらったり、何よりこんな「よそ者のおっちゃん」と親しく酒を飲んでお付き合いいただいて、ありがとうという気持ちで一杯だ。

日経BP時代からの同僚で「WirelessWire News」のプロデューサーでもある竹田茂さんとは、お互いに自分の会社を作ってから何度も一緒に仕事をしてきた。今でも「WirelessWire News」や「42/54」などを一緒に運営している。今回、この本を作る機会を設けてもらったことだけではなく、日常的な議論などでインスパイアされることが多く、楽しく仕事をさせてもらっている。

実際にこの本を作るにあたっては、平凡社の編集担当である蟹沢格さん、「WirelessWire

News」の書籍担当である今井章博さんのお二人にとてもお世話になった。激励してくれたり、アイデアをもらったり、書籍を作るために何が必要か、ということを教えてくださった。

最後に、脳神経外科の世界的な権威である福島孝徳先生とそのお弟子さんの大橋元一郎先生に、心から感謝を申し上げたい。お二人にどのようにお世話になったかの詳細はここでは触れないが、お二人の鮮やかな治療のおかげで今の自分がある。こうして普通に仕事をしていられることに、自分でも驚いているくらいなのだ。

追記　この本の口絵カラー写真を撮っていただいた写真家の四宮義博さんが急逝された。何度か一緒に仕事をしたが、その穏やかな人柄が忘れられない。四宮さん、安らかに。ありがとうございました。

２０１９年９月末　霧の御殿場にて

ハリオム氏と田邊（四宮義博氏撮影）

【著者】

田邊俊雅（たなべ としまさ）

北海道札幌市出身。システムエンジニア、IT専門雑誌の記者・編集者、Webメディア編集・運営、読者コミュニティ運営などを経験後、2006年にWebを主な事業ドメインとする「有限会社ハイブリッドメディア・ラボ」設立。14年、新規事業として富士山麓で「cafe TRAIL」開店。19年9月の閉店後も、日本の食材を生かしたインドカレーを研究中。「WirelessWire News」編集長。趣味は競馬。

メヘラ・ハリオム

ニューデリー出身。1976年、インドのタージマハールホテル入社。80年にシェフに昇格し、タージパレスホテルへ異動。要人担当シェフとして、インディラ・ガンディー首相やギャーニー・ジャイル・シン大統領などに食事を提供。83年、香港のインド料理店マイウールの総料理長。85年、日本のインド料理店アクバル総料理長。98年、横浜市にインド家庭料理 ラニを開業、現在に至る。趣味はヨガとウォーキング。

平　凡　社　新　書　9　2　8

インドカレーは自分でつくれ

インド人シェフ直伝のシンプルスパイス使い

発行日――2019年12月13日　初版第1刷

著者――田邊俊雅、メヘラ・ハリオム

発行者――下中美都

発行所――株式会社平凡社
東京都千代田区神田神保町3-29　〒101-0051
電話　東京（03）3230-6580［編集］
　　　東京（03）3230-6573［営業］
振替　00180-0-29639

印刷・製本―株式会社東京印書館

装幀――菊地信義

ISBN978-4-582-85928-7
NDC分類番号596.22　新書判（17.2cm）　総ページ232
平凡社ホームページ　https://www.heibonsha.co.jp/